Bernard Jakoby

Die Brücke zum Licht

Bernard Jakoby

Die Brücke zum Licht

Nahtoderfahrung als Hoffnung

Langen Müller

Besuchen Sie uns im Internet unter
www.langen-mueller.de

Gedruckt auf chlorfrei gebleichtem Papier

1. Auflage August 2002
2. Auflage September 2002

Schutzumschlaggestaltung: Wolfgang Heinzel
Umschlagmotiv: photonica, Hamburg
Satz und Herstellung: Ina Hesse
Gesetzt aus: 11,1/14,4 Punkt Rotis Sans Serif
Druck und Binden: GGP Media, Pößneck
Printed in Germany
ISBN 3-7844-2887-8

INHALT

3. KAPITEL

4. KAPITEL

5. KAPITEL

6. KAPITEL

9. KAPITEL

ANHANG

EINLEITUNG

Ein junger Arzt steht mit Tränen in den Augen vor meinem kleinen Tisch, an dem ich nach einem Vortrag meine Bücher signiere. Während ich versuche, die Warteschlange abzubauen, berichtet er mir vom plötzlichen Tod seines dreieinhalbjährigen Sohnes. Es sei gerade drei Wochen her. Das Kind war schon schwerstbehindert geboren worden. Neben einer geistigen Behinderung hatte der Junge auch noch einen schweren Herzfehler. Dieses Kind war sein ganzer Lebensinhalt. Der Junge war über Jahre zu seinem Lehrmeister geworden und die strahlenden, liebenden Augen werde er nie vergessen. Wusste der kleine Junge, dass er sterben wird? Warum wird ein Kind behindert geboren? Warum starb er so plötzlich, dass sich seine Eltern nicht vorbereiten konnten? Wenn es einen Gott gibt, was ist der Sinn dieses so kurzen, schweren Lebens?

Solche grundlegenden Fragen werden mir bei fast jeder Veranstaltung über den Sinn unseres Lebens und Sterbens gestellt. Diese existenziellen Fragen eines jeden Menschen, wie sie sich im Einzelschicksal manifestieren, sind nicht im Vorbeigehen zu beantworten.

Eine junge Frau steht nun vor mir. Sie erzählt in knappen Worten, dass ihr Lebensgefährte vor acht Wochen durch einen Verkehrsunfall ums Leben kam. Weinend gesteht sie, dass sie ihn noch nicht loslassen kann. Sie weiß, wie wichtig Loslassen ist, und ich hätte in meinem Vortrag ja auch wiederholt darauf hingewiesen. Sie kann es aber noch nicht. Ich frage sie. »Haben Sie das Gefühl, dass Ihr Mann um Sie ist? Haben Sie sonstige

Botschaften oder Zeichen von Ihrem Mann erhalten?« Verunsichert schaut sie mich an und ich sage ihr beruhigend, dass Loslassen-Können Zeit braucht und sie sich nicht unter Druck setzen solle. Wie lernt man Loslassen? Über eine halbe Stunde später steht dieselbe Frau noch einmal vor mir. Sie hat über meine Frage nach der Gegenwart ihres Mannes nachgedacht. Ihr ist eingefallen, dass sie während einer Autofahrt vor zwei Wochen einen Nebel vor sich sah, aus dem ihr Mann ihr entgegentrat. Er nahm ihre Hand, drückte sie und verabschiedete sich.

Sind solche Erlebnisse real oder Wunschvorstellungen? Machen uns Verstorbene wirklich auf subtile Weise immer wieder darauf aufmerksam, dass sie weiterleben und manchmal sogar um uns sind? Weitere Menschen sprechen mich, während ich signiere, auf ihre persönlichen Erfahrungen mit dem Tod an. Warum trauen sich immer noch viel zu wenig Menschen offen über Nahtod- oder Nachtoderfahrungen zu sprechen?

Eine etwa zwanzigjährige Frau erinnert sich, dass sie als anderthalbjähriger Säugling eine Nahtoderfahrung gemacht hat, die sie nie vergaß. Ein älterer Mann in der Schlange hat sich selbst während einer Operation von der Zimmerdecke gesehen. Ein Krankenhausseelsorger gar schildert seine Beobachtungen bei Sterbenden, ein katholischer Priester stellt mir die Frage, ob diese Erlebnisse mit dem Glauben an Gott vereinbar seien? So viele Fragen, so wenig Wissen, so viel Unsicherheit. Welchen praktischen Nutzen haben Todesnäheerlebnisse und das heutige Wissen über ein Leben nach dem Tod für unser Leben? »Wie lernt man lieben?«, fragt eine Zuhörerin während des Vortrags. »Kann man das im Seminar bei Ihnen lernen? Was ist eigentlich bedingungslose Liebe? Wie nimmt man richtig Abschied von einem Verstorbenen? Kann man diese auch nach dem Tod noch erreichen und etwas sagen?«

Wenn wir uns ernsthaft solchen Fragen zuwenden wollen, ist der menschliche Verstand dabei eher hinderlich. Wir neigen dazu, subtile Botschaften von Verstorbenen wegzurationalisieren. Neben der Erfahrung der inneren Stimme schleicht sich schnell der Zweifel an die eigene Intuition ein. Und bei vielen, die ein Zeichen oder eine Botschaft erhalten, ist es zu wenig als Beweis. »Ich spüre häufig, dass mein verstorbener Mann um mich ist, aber kann er nicht wenigstens einmal einen Gegenstand deutlich sichtbar für mich bewegen?«

Warum haben zahlreiche Menschen spontane Kontakte mit Verstorbenen, während andere alles dafür tun und nicht das geringste Zeichen erhalten?

Wie lange Zeit können wir die Anwesenheit von Verstorbenen spüren? Werden sie nicht wiedergeboren? Eine achtzigjährige Frau berichtet mir vom Tod ihrer beiden Schwestern. »Sie starben sehr jung, bei einem Unfall. Vor über fünfzig Jahren. Und doch habe ich das Gefühl, dass sie immer um mich sind, wenn ich sie brauche, und das nach all den vielen Jahren. Ist das möglich?« Mit all diesen Fragen werden wir uns in diesem Buch beschäftigen.

1. KAPITEL

Eine kurze Geschichte der Sterbeforschung

In diesem Kapitel erfahren Sie

- dass Sterbeerfahrungen historisch belegbar sind

- wie sich die Sterbeforschung heute weiterentwickelt hat

- von den Pionieren Elisabeth Kübler-Ross und Raymond Moody

- was zahlreiche Forscher auf der ganzen Welt über Nahtoderfahrungen herausgefunden haben

- dass es neue wissenschaftliche Belege für ein Leben nach dem Tod gibt

Die historischen Hintergründe der Nahtoderfahrung

Sterberfahrungen sind keine Erfindung der Neuzeit. Der Vorgang des Sterbens beinhaltet einen bestimmten Kode, der sich zu allen Zeiten und in allen Kulturen auffinden lässt. Er ist historisch belegbar. Hier nun ein verkürzter Überblick, da aufgrund der ungeheuren Menge von vorliegendem Material nur eine kleine Auswahl getroffen werden kann.

Im Gilgamesch-Epos, einem der ältesten literarischen Überlieferungen überhaupt, ist der Held auf der Suche nach Unsterblichkeit. Dem Herrscher von Uruk gelingt es, in das Reich des Todes einzudringen und von dort zurückzukehren. In dem Text finden wir die erste positive Nahtoderfahrung mit Tunnel, Licht und Paradieslandschaft. »Gilgamesch verließ die Welt und kroch durch einen endlosen dunklen Tunnel. Es war ein langer, unbequemer Weg ... aber zum Schluss sah er Licht am Ende der dunklen Röhre. Er kam zum Ausgang des Tunnels und sah einen prächtigen Garten. Die Bäume trugen Perlen und Juwelen, und über allem strömte ein wundervolles Licht seine Strahlen aus. Gilgamesch wollte in der anderen Welt bleiben. Aber der Sonnengott schickte ihn durch den Tunnel zurück in sein Leben.«[1]

Der griechische Philosoph Plato schildert in seinem staatspolitischen Werk »Politeia« die tiefe Nahtoderfahrung des Kriegers Er. Dieser fällt bei einem Kampf und durchquert jenseitige Welten. Er kommt erst nach Tagen in seinem Körper wieder zu sich, als sein Leichnam schon auf dem Scheiterhaufen liegt, um verbrannt zu werden. Luigi Moraldi fasst die ausführliche Erzählung Platos zusammen: »Nachdem er den Körper verlassen hatte, gelangte er an einen jenseitigen Ort, der von vier gewaltigen Höhlen durchzogen war ... Zwischen ihnen saßen Richter, die jedem sein Urteil verkündeten: den gerecht Befundenen erlaubten sie, nach rechts zum Himmel aufzusteigen, nachdem sie auf ihre Brust ein Zeichen befestigt hatten, das ihren Urteilsspruch kenntlich machte; die Ungerechten aber wurden dazu verdammt, nach links zu gehen, zum Abgrund, und auf ihrem Rücken befestigten die Richter ein Schandmal ihrer Vergehen.

Die Richter gestatteten Er, näher zu kommen. Sie erklärten ihm, er solle den anderen Menschen verkündigen, was sich hier ereignet habe und forderten ihn auf, genau zu hören und zu beobachten, was sich noch weiter begeben werde ... die vom Himmel herabgestiegen waren, sprachen von unermesslicher Freude und Glückseligkeit, die ihnen dort zuteil wurde.«[2]

Im Neuen Testament findet sich die Bekehrung des Saulus zum Paulus durch eine Lichtvision (Apg.9). Relevanter in unserem Kontext ist jedoch das Außerkörperlichkeitserleben mit Paradiesvision des Paulus im zweiten Korintherbrief: »Ich kenne einen Menschen in Christus; vor vierzehn Jahren – ist er im Leib gewesen? ich weiß es nicht; oder ist er außer dem Leib gewesen? ich weiß es auch nicht; Gott weiß es – da wurde derselbe entrückt bis in den dritten Himmel. Und ich kenne denselben Menschen – ob er im Leib oder außer dem Leib gewesen ist, weiß ich nicht –, der wurde entrückt in das Paradies und hörte unaussprechliche Worte, die kein Mensch sagen kann ...«[3]

Im christlichen Mittelalter stellte Papst Gregor schon im 5. Jahrhundert eine erste Fallsammlung mit Nahtoderfahrungen zusammen und unterhielt sich sogar persönlich mit den Betroffenen. Sie enthält alle Elemente moderner Berichte, wobei allerdings die Ausgestaltung variiert. Im Mittelalter wurden etwas häufiger negativ-dämonische Visionen berichtet, die sich dann aber zumeist in positive verwandelten. Engel und Heilige werden öfter gesehen als verstorbene Verwandte. Die Berichte dienten zur Bekehrung und warnten vor den Folgen sündhaften Tuns. Sie waren hochgradig moralischer Natur. Hierzu ein typisches Beispiel aus der Sammlung Papst Gregors: »Er sagte – und die Sache ist seitdem vielen bekannt geworden –, es sei eine Brücke da gewesen, unter welcher ein schwarzer, düsterer Strom dahinfloss, der einen Nebel von unerträglichem Gestank ausdünstete. Über der Brücke waren freundliche, grünende Wiesen, mit wohlriechenden Blumengebüschen geziert, auf welchen weißgekleidete Menschen beisammen zu stehen schienen. Solcher Wohlgeruch herrschte an jenem Ort, dass die daselbst Lustwandelnden und Wohnenden ganz davon erfüllt waren. Dort hatte jeder seine Wohnung von herrlichem Licht durchglänzt.«[4] Weiterhin ließen sich zahlreiche mystische Zeugnisse von Heiligen und Eingeweihten zitieren, wobei diese Berichte einen ähnlichen Duktus aufweisen wie das obige Beispiel.

Bemerkenswert waren Ende des 19. Jahrhunderts die Berichte von Bergsteigern, die abgestürzt waren, die der Schweizer Geologe Albert Heim 1882 veröffentlichte. Nach einer mystischen Erfahrung während eines beinahe tödlichen Absturzes in den Alpen begann Heim sich für Todesnäheerfahrungen zu interessieren. Er stellte fest, dass die Geistestätigkeit während eines außerkörperlichen Erlebnisses gesteigert und beschleunigt wurde. Ebenfalls veränderte sich das Zeitempfinden und die Wahrnehmungsfähigkeit des Bewusstseins steigerte sich immens. Heim erwähnt in seinen Untersuchungen ebenfalls den Lebensrückblick, Visionen überirdischer Schönheit und das Hören harmonischer Klänge.

Die Entstehung der modernen Sterbeforschung

Der Weltbestseller »Leben nach dem Tod« von Raymond Moody, der erstmalig 1977 in Deutsch erschienen ist, in der englischen Fassung in Amerika bereits Ende 1975, hat die Vorstellungen der Menschheit vom Tod tiefgreifend verändert. Dr. Moodys Buch inspirierte eine ganze Generation von Forschern, den Bewusstseinszustand von Sterbenden mit wissenschaftlichen Mitteln zu untersuchen. Seine Pionierarbeit über die bis dahin kaum bekannte Nahtoderfahrung eröffnete den Zugang zu einer völlig neuen Erfahrungswelt. Dadurch sind wir heute freier, über Erlebnisse in Todesnähe zu sprechen. Nahtoderfahrungen sind heute ein Massenphänomen, weltweit kann von mindestens 50 Millionen Erfahrenen ausgegangen werden, in Deutschland sind es nach einer Studie der Universität Konstanz 3,3 Millionen Menschen mit derartigen Erfahrungen.

Immer konkreter werdende Studien belegen das Vorhandensein eines Nahtodkodes, der offensichtlich sogar genetisch programmiert ist. Sterben ist eine zutiefst spirituelle Erfahrung und das Leben geht nach dem vermeintlichen Tod weiter. In unserem tiefsten Innern sind wir geistige Wesen und werden von einem liebevollen Licht empfangen. Nicht materieller Reichtum und Status zählen, sondern der universale Maßstab ist die Liebe, die wir während unseres Lebens anderen entgegengebracht haben. Durch Moodys Studie wurde in den späten siebziger Jahren einer breiten Öffentlichkeit bewusst, wie wichtig Spiritualität in unserem Alltagsleben ist.

Die Wegbereiterin der Sterbeforschung war allerdings die Schweizer Ärztin Elisabeth Kübler-Ross. Sie wagte es Mitte der sechziger Jahre als Erste, sich an die Betten von Sterbenden zu setzen und mit diesen über ihre Gefühle zu sprechen. Der Tod war zu dieser Zeit zu einem unnatürlichen, tabuisierten, medizinischen Phänomen geworden, und er war dem Blick der Öffentlichkeit entzogen. Man sprach lieber nicht mit Sterbenden über ihren nahen Tod und man log sie aus falscher Barmherzigkeit an. Die Sterbenden wurden über ihre gesundheitliche Situation im Unklaren gelassen. Die Ärzte glaubten, die Wahrheit sei zu traumatisch und könnte ihnen jegliche Hoffnung rauben. Und das, obwohl Sozialwissenschaftler schon zum damaligen Zeitpunkt nachgewiesen hatten, dass Sterbende genau wissen, dass sie sterben werden. Die Gesellschaft wollte sich vor der Konfrontation mit dem Tod schützen. Rückblickend erstaunt es wenig, dass sich Elisabeth Kübler-Ross erheblichen Feindseligkeiten von Kollegen und Pflegepersonal ausgesetzt sah.

Ihr Verdienst war es aufzuzeigen, dass Sterbende sehr wohl unter Einsamkeit und Isolation leiden, weil die gesellschaftlich geprägte Angst vor dem Tod es ihnen auferlegte. Erstmalig trat der Sterbende wieder als individueller Mensch in Erscheinung. Ihr 1969 erschienener Weltbestseller »Interviews mit Sterbenden« begründete die Sterbeforschung und gehört noch heute als Standardwerk zur Ausbildung von Ärzten, Pflegepersonal, Psychologen und Theologen und ist zum unentbehrlichen Handbuch der weltweiten Hospizbewegung geworden. Das Buch beschreibt die Stadien der emotionalen Auseinandersetzung mit dem eigenen Sterben. Das »Fünf-Phasen-Modell« von Kübler-Ross – Verleugnung, Isolation, Wut, Depression und letztlich Annahme der Situation – wurde von der Gesellschaft zunächst nur widerwillig zur Kenntnis genommen. Das medizinische Versorgungssystem fühlte sich durch die Feststellung bedroht, dass Sterbende Gefühle haben. Die damaligen Krankenhäuser waren auf Lebensrettung eingerichtet, nicht aber auf die Begleitung von Sterbenden oder Sterbeerleichterung. Die Gesellschaft wurde nun von dem Wissen erschüttert, dass Sterbende den eigenen Tod in einer bestimmten, voraussagbaren Weise emotional verarbeiteten. Doch die mutige Kübler-Ross ließ sich nicht beirren und schaffte dadurch ein öffentliches Klima für den bis dahin tabuisierten Tod. Ihrer Vorarbeit ist es zu verdanken, dass in den siebziger Jahren die Zeit reif wurde für die Nahtoderfahrung. Sie unterstützte die Publikation von Moody durch ein Vorwort.

Es ist eine Ironie der Geschichte, dass die Medizin, die Sterbende entwürdigte, nun neue Techniken der Reanimation entwickelte. Schon Anfang der siebziger Jahre war die Wiederbelebung nach einem Herzstillstand ein Routinevorgang geworden. Bis dahin überlebten nur wenige Menschen den klinischen Tod. Dank der heutigen Intensivmedizin wurde es möglich, immer mehr Menschen aus dem klinischen Tod zurückzuholen. Nun begannen sich die Berichte von Nahtoderfahrungen zu häufen, die Moody dann sammelte und in seiner bahnbrechenden Studie veröffentlichte. Er wies nach, dass der Tod eben nicht einfach die Auslöschung des Lebens ist, sondern ein tief gehender, spiritueller Prozess, der neue Einsichten vermittelt. Fast dreißig Jahre später sind sich viele maßgebliche Bewusstseinsforscher und Mediziner darüber einig, dass die Erlebnisse in Todesnähe real und ein natürlicher Teil des Sterbeprozesses sind.

Dennoch bleibt festzustellen, dass es gleich viel glühende Ablehnung von Seiten der Naturwissenschaft bis heute gibt: Es wird mit Sauerstoffmangel, Endorphinen und Halluzinationen eines sterbenden Gehirns argumentiert. Das heutige wissenschaftliche Paradigma besagt, dass unser Leben als zufällige Funktion physischer Prozesse entstanden ist, wobei das Bewusstsein im Gehirn angesiedelt sei und lediglich aus hoch entwickelten chemischen Reaktionen zusammengesetzt ist.

Danach sind wir durch *zufällige* biochemische Vorgänge entstanden und enden im Staub! Nicht zuletzt durch Nahtoderfahrungen wissen wir, dass Bewusstsein unabhängig vom Gehirn existiert. Unsere Zukunft wird weniger im technologischen Fortschritt bestehen als in der schrittweisen Entdeckung des dem Menschen innewohnenden Potenzials.
Im Gefolge von Raymond Moody und Elisabeth Kübler-Ross gab es in den letzten Jahrzehnten bis heute viele Forscher, welche die ursprünglichen Befunde bestätigten und erweiterten. Kenneth Ring lieferte die erste systematische und statistische Nahtodstudie (»Life at Death«, 1980). 1984 veröffentlichte Ring seine Omega-Studie, die Beweise für die Realität der NTEs (Nahtoderfahrungen) enthielt. In einem seiner neuesten Bücher (»Mindsight: Near Death and Out-of-Body-Experiences in the Blind«, 1999) berichtet er zusammen mit Sharon Cooper über erstaunliche Fälle von Personen, die, obwohl sie blind waren, während außerkörperlicher Erlebnisse an der Schwelle zum Tod ihre Umgebung visuell wahrnahmen.
Der Kinderarzt Dr. Melvin Morse führte im Kinderkrankenhaus von Seattle eine kontrollierte Studie über Nahtoderfahrungen von Kindern durch. (»Zum Licht«, 1990). Morse belegt, dass diese Erfahrungen ein realer Teil des Sterbeprozesses sind und nicht durch Medikamente oder Sauerstoffmangel im Gehirn hervorgerufen werden. Er war auch einer der ersten Forscher, die sich mit den Persönlichkeitsveränderungen von Menschen nach einem Todesnäheerlebnis wissenschaftlich beschäftigte (»Verwandelt vom Licht«, 1992).
Der Kardiologe Michael Sabom beschreibt in seinem Buch »Light and Death« (1998) den präzise dokumentierten Fall von Pam Reynolds, deren EEG während einer Operation Null-Linien aufwies und die sich während dieser Zeit außerhalb ihres Körpers aufhielt.

Ein Laborversuch der Universität Arizona bestätigte im März 2001 das Vorhandensein einer menschlichen individuellen Seele und das Fortleben nach dem Tod. Die Forscher beauftragten Medien, Informationen über Verstorbene, die ihnen nicht bekannt waren, zu erfragen. Über 90 Prozent aller Informationen stellten sich als richtig heraus.
1997 gaben Neurologen der Universität von Kalifornien in San Diego bekannt, dass sie einen Teil des menschlichen Gehirns ausfindig gemacht haben, der für spirituelle und mystische Erfahrungen des Menschen zuständig ist. Durch diese rechte Gehirnhälfte zeigt sich, dass der Mensch ein biologisches Potenzial aufweist, in Kommunikation mit dem Universum zu treten. Der rechte Gehirnlappen kann bei entsprechender Stimulierung tiefe Einsichten in den Sinn des Lebens vermitteln und führt zum Erleben bestimmter Elemente des Nahtodkodes.
Die US-Mediziner und Psychiater Emily Kelly, Bruce Greyson und Ian Stevenson fanden durch ihre Untersuchungen und Analysen drei Komponenten, die zusammengenommen als Beleg angesehen werden, dass das Bewusstsein unabhängig vom physischen Körper existiert:
1. Eine gesteigerte Bewusstseinstätigkeit während der Bewusstlosigkeit ist ein Hinweis darauf, dass das Bewusstsein nicht von physiologischen Prozessen abhängig ist, obwohl dies von vielen heutigen Wissenschaftlern angenommen wird.
2. Mehrere Untersuchungen belegen, dass Nahtodpatienten in diesem Zustand Objekte beschrieben haben, die sie von ihrem tatsächlichen Standpunkt aus gar nicht hätten sehen können. Sie beobachten ihren eigenen Körper aus einer anderen Position im Raum.
3. Menschen mit Nahtoderfahrung haben paranormale (übersinnliche) Wahrnehmungen. Sie erleben ihnen vorher unbe-

kannte, doch überprüfbare Ereignisse, indem sie entweder verstorbene Personen treffen oder entfernte Ereignisse wahrnehmen.[5]

Neueste wissenschaftliche Erkenntnisse – Sam Parnias englische Studie

Britische Wissenschaftler unter der Leitung des klinischen Forschers und Herzspezialisten Dr. Sam Parnia von der Universität Southampton gaben Mitte 2001 bekannt, dass der Tod nicht das Ende bedeutet, sondern der Anfang eines neuen Lebens, in welcher Form auch immer.

Im Rahmen ihrer Studien untersuchten die Forscher 63 Herzinfarktpatienten, die nach ihrem klinischen Tod wieder ins Leben zurückkehrten. 56 von ihnen hatten keine Erinnerung an diesen Zustand, sieben hatten diffuse Erinnerungen, wobei vier von diesen tatsächlich eine Nahtoderfahrung erlebten. In der Studie berichten diese vier Personen von intensiven Gefühlen, von Glück und Frieden. Sie nahmen eine Beschleunigung der Zeit wahr, eine Verschärfung der Sinne und verließen ihren Körper. Die Betroffenen sahen ein helles Licht und gingen durch einen Übergang (Tunnel etc.) in eine andere Welt ein. Geistwesen wurden wahrgenommen und es kam zu Begegnungen mit verstorbenen Angehörigen. Ebenfalls erkannten sie eine Grenze, die sie nicht überschreiten durften, da dann eine Rückkehr nicht mehr möglich gewesen wäre.

Die Wissenschaftler gewannen unter festgelegten Bedingungen neue Erkenntnisse über Nahtoderfahrungen. Alle bisherigen Mitteilungen über diese Phänomene stammten von Menschen, die erst nach längerer Zeit davon erzählten. Im Rahmen dieser Studie waren alle Befragten nachweislich dem

Tod ganz nahe, da sie alle einen Herzstillstand hatten. Sie wurden kurz nach ihrer Wiederbelebung anhand eines Fragebogens interviewt. Die Nahtoderlebnisse fanden also in tiefer Bewusstlosigkeit statt, zu einem Zeitpunkt, wo diese Patienten sich im Koma befanden und die Gehirnstrukturen schwer beeinträchtigt sind. Vor allem jene Gehirnregionen, die für das Gedächtnis und die subjektive Erfahrung zuständig sind. Erinnerungen und Erlebnisse in einem solchen Zustand können nach Annahme der britischen Mediziner nur dann auftreten, wenn Bewusstes und damit Gedächtnis unabhängig vom Gehirn existiert. Ebenfalls fanden die Wissenschaftler heraus, dass keiner der Patienten niedrige Sauerstoffwerte im Gehirn aufwies: Sauerstoffmangel wurde bisher von vielen Forschern als Ursache für NTEs angesehen. Die Studie liefert Hinweise darauf, dass es ein Leben nach dem Tod tatsächlich gibt. Der Forschungsleiter Sam Parnia schreibt dazu: »Diese Patienten hatten die übersinnlichen Erfahrungen genau dann, wenn man sie am wenigsten erwarten würde – wenn das Gehirn keine Funktion mehr ausüben und keine bleibenden Erinnerungen mehr formen kann.«[6]
Aus diesen Umständen resultiert die Annahme Parnias, dass unser Bewusstsein völlig unabhängig vom Gehirn arbeitet und für sich allein bestehen kann. Demnach verfügt der Mensch tatsächlich über eine Seele.

Folgen der Berichterstattung

Diese aktuelle Berichterstattung über die Nahtoderfahrung führte im August 2001 dazu, dass die Stiftung Organtransplantation an die Öffentlichkeit ging, da die Diskussion, wann ein Mensch wirklich tot ist, durch Sam Parnias Studie neu

entfacht wurde: Die Bereitschaft in der Bevölkerung zur Organspende sinkt.
Der Regensburger Transplantationsmediziner Matthias Anthuber versuchte die Öffentlichkeit zu beschwichtigen: Organe würden nur entnommen, wenn der Hirntod eingetreten sei. Die Patienten, die von hellen Lichtern und langen Tunnels erzählen, seien hingegen klinisch tot gewesen, nicht aber hirntot. Aus dem Hirntod gäbe es kein Zurück, das Gehirn sei irreversibel geschädigt (»Süddeutsche Zeitung«, 03. 08. 01).
Diese Äußerungen bezeugen einmal mehr die Ratlosigkeit der High-Tech-Medizin dem Sterbeprozess gegenüber. Durch die Neudefinition des Todes (Transplantationsgesetz vom 1. 12. 97) als »Hirntod« wurde der Todeszeitpunkt sozusagen vorweggenommen. Die Medizin spricht heute vom Tod eines Menschen, wenn das Gehirn unumkehrbar geschädigt ist, obwohl das Herz weiterhin schlägt in einem noch lebenden übrigen Körper. Hirntote sind im Grunde genommen Sterbende.
Wenn Bewusstsein unabhängig vom Gehirn existieren kann, wie es die britischen Wissenschaftler in ihrer Studie belegen, dann ist der Mensch nicht nur sein Körper oder sein Verstand, der ein körper-gebundenes Werkzeug ist, sondern ein unsterblicher Geist.

Pim van Lommels holländische Studie

Kurz vor Weihnachten 2001 veröffentlichte das renommierte britische Medizinjournal »The Lancet« eine Studie zur Nahtodesforschung, die eine neue Ära in der Erforschung des menschlichen Bewusstseins einläuten wird.[7] Der holländische Herzspezialist Pim van Lommel aus Arnheim legte die erste große prospektive Studie über Nahtodeserlebnisse vor.

Waren in der bisherigen Forschung die Untersuchungen und Erlebnisse von Menschen mit Nahtoderfahrungen im Nachhinein und oft Jahre später aufgezeichnet worden, so befragten van Lommel und sein Forschungsteam 344 Patienten, die alle nach einem Herzstillstand reanimiert worden waren, innerhalb von fünf Tagen nach der Wiederbelebung. Zwei und acht Jahre später wurden diejenigen, die eine Nahtodeserfahrung hatten, noch einmal befragt und auf die Auswirkungen untersucht. Pim van Lommel kommt zu dem Schluss: »Was wir nun wissen, ist, dass die üblichen Erklärungen für Nahtodeserfahrungen nicht stimmen. Sie treten nicht aufgrund von absterbenden Hirnzellen oder einer Veränderung in der Blutzufuhr auf. Auch das Alter, Geschlecht, der Beruf oder die Religion spielen keine Rolle.«[8]

Damit ist die Theorie vieler Wissenschaftler von einer physiologischen Ursache ausgeschlossen. Für das Phänomen der Nahtoderfahrung gibt es keine medizinischen Erklärungen. Von den befragten 344 Patienten, die durch einen Herzstillstand klinisch tot gewesen waren, berichten 62 Personen von Teilnahtoderfahrungen und 41 von ihnen wiesen Kernerfahrungen auf. Die über mehrere Jahre durchgeführte Studie erfasst Patienten an zehn verschiedenen Krankenhäusern. Bei allen Probanden haben Puls, Atem und Gehirnaktivität medizinisch nachweisbar ausgesetzt. Zwölf Prozent der Untersuchten berichten, dass sie während ihres klinischen Todes Gefühle empfanden, Visionen erlebten und sich außerhalb ihres Körpers befanden.

Lommel zeigte auf, dass eine Nahtoderfahrung mit keinerlei äußeren Faktoren zusammenhängt. Weder physiologische Faktoren wie die Dauer des Herzstillstands, Sauerstoffmangel, die verabreichten Medikamente, die Art der Wiederbelebung noch psychologische Faktoren wie die Angst vor dem Tod oder die

Religionszugehörigkeit haben einen Einfluss darauf, ob sich die befragten Patienten nach der Wiederbelebung an eine NTE erinnern konnten oder nicht. Neu an der holländischen Studie ist die große Zahl der untersuchten Personen. Neu ist auch der Einsatz wissenschaftlicher Geräte, der ausschließt, dass zum Zeitpunkt der beschriebenen Erfahrung eine Gehirnaktivität stattfand. Weiter wurden die untersuchten Personen nach dem Zufallsprinzip und nicht nach religiösen oder spirituellen Überzeugungen ausgewählt.

Wäre Sauerstoffmangel im Gehirn die Ursache für die Nahtoderfahrungen, müssten die meisten aller Patienten, die klinisch tot waren, von solchen berichten. Angesichts dieser soliden medizinischen Forschungsergebnisse muss in der wissenschaftlichen Welt eine neue Diskussion über die Ursprünge des menschlichen Bewusstseins in Gang gesetzt werden.

In der holländischen Studie wurde gezeigt, dass 18 Prozent der Patienten, welche die physiologischen Reaktionen eines Herzstillstandes zeigten, d. h. kein Bewusstsein mehr hatten, also klinisch tot waren, ein klares und erweitertes Bewusstsein von sich selbst hatten. Im April 2002 erklärte van Lommel in einem Zeitschrifteninterview: »Sie hatten Gedanken und Gefühle und konnten sich an ihre frühe Kindheit erinnern. Sie hatten auch Wahrnehmungen außerhalb ihres Körpers und konnten ihrer Reanimation zuschauen. Die Theorie einer physiologischen Ursache muss also ausgeschlossen werden. Das ist der einzige Schluss, zu dem man kommen muss, wenn man auf unsere Ergebnisse schaut. Wenn es jedoch keine Gehirnfunktion mehr gibt, wie ein flaches EEG aufzeigt, gibt es doch noch 18 Prozent der Patienten, die ein volles Bewusstsein und Wahrnehmungs- und Erinnerungsvermögen haben.«[9]

Als Fazit seiner Studie kommt van Lommel zu der Feststellung, dass Bewusstsein ohne den physischen Körper oder das Gehirn

möglich ist und andere Dimensionen umfasst. Bewusstsein existiert also unabhängig vom Körper!
Die universelle Erfahrung der NTE weltweit, die stets gleiche Vision des Lichts oder des Tunnels, heißt, dass viele Menschen dieselbe Erfahrung haben und dieselben Nachwirkungen. So kann das Gehirn als eine Art Empfänger für das Bewusstsein gelten. Dann ist es möglich, dass Selbstbewusstsein mit dem Bewusstsein und den Erinnerungen außerhalb des Gehirns existiert.
Angesichts dieser Forschungen geraten Wissenschaftler, die Bewusstsein nur auf das Gehirn beschränken, in Beweisnotstand. Wenn das Leben, wie hier festgestellt wurde, über die bloße materielle Existenz hinausweist, wird das den Damm des Schweigens und Verdrängens brechen und zu einer kulturellen Transformation in einem nicht vorhersehbaren Ausmaß führen. Angesichts der millionenfachen Nahtoderfahrungen, welche die Existenz einer menschlichen Seele belegen, stellt sich die Frage nach dem Sinn des eigenen Tuns und der damit zusammenhängenden Verantwortung – ohne dass wir selbst eine solche Erfahrung gemacht haben müssen!

Sterbeforschung in Deutschland

In Deutschland hat der Psychiater Dr. Michael Schröter-Kuhnhardt einige wissenschaftliche Aufsätze zur Nahtoderfahrung veröffentlicht, welche die amerikanischen Ergebnisse stützen. Eine aufsehenerregende Studie der Universität Konstanz, unter der Leitung von Hubert Knoblauch, belegte für Deutschland 3,3 Millionen Menschen mit Todesnäheerfahrungen. Die Forscher meinten nachweisen zu können, dass Nahtoderfahrungen nicht ein Universalphänomen seien, sondern eine bloße

Kulturerscheinung, für die es keinen gemeinsamen Nenner gibt. Sie dachten, mit dem Mythos aufgeräumt zu haben, den Moody, Kübler-Ross und Co. in die Welt gesetzt hätten, obwohl Knoblauch an einer Stelle der Studie einräumt, dass Nahtoderfahrungen mit dem Vermögen »... eine transzendente Wirklichkeit wahrnehmen ... zum Wesen des Menschen gehört«.[10]

In der Tat spiegelt sich in den zitierten Fällen von bizarren Todeserlebnissen durchweg der bekannte Kode der Nahtoderfahrung. Die Merkmale, die von Moody und anderen aufgestellt wurden, scheinen immer wieder durch! Die Studie belegt auch für Deutschland das typische Standardmodell der amerikanischen Forscher.

Der renommierte Mathematiker und Physiker Günter Ewald veröffentlichte mehrere Bücher zum Thema. In seinem 1999 erschienenen Buch »Ich war tot. Ein Naturwissenschaftler untersucht Nahtoderfahrungen« befasst er sich mit einer naturwissenschaftlich-physikalischen, aber auch theologischen Deutung von NTEs. In seinem 2001 erschienenen Werk »An der Schwelle zum Jenseits« ist die bislang ausführlichste Dokumentation von Nahtoderfahrung im deutschsprachigen Raum zu finden.

Der Autor dieses Buches gilt heute als führende Kapazität der Sterbeforschung. In seinem Buch »Auch Du lebst ewig« (2000) werden erstmalig alle heute bekannten Ergebnisse der Sterbeforschung zusammengefasst. Das Buch entstand aus der Praxis vieler Seminare und Vorträge, wobei die Bedürfnisse und Erfahrungen der Teilnehmer im Vordergrund stehen. Bernard Jakobys zweites Buch »Das Leben danach« (2001) geht noch einen Schritt weiter und reflektiert das heutige Wissen von jenseitigen Welten, da es immer mehr Todesnäheerlebnisse gibt, die weit über das bekannte Schema hinausgehen.

Bei all den heute vorliegenden Erfahrungen mit Sterben und Tod handelt es sich um Bewusstseinsphänomene. Der Tod ist Bewusstseinserweiterung in einem Maß, wie wir es als Verstandesmenschen häufig nicht begreifen können. Insofern wird das 21. Jahrhundert vor allem durch die Erweiterung des menschlichen Bewusstseinspotenzials und was ihm innewohnt gekennzeichnet sein. Todesnäheerlebnisse sind die am weitesten verbreiteten spirituellen Erfahrungen, die eine direkte Gotteserfahrung beinhalten. Wir können sie auch als Nah-Gott-Erfahrung bezeichnen.

2. KAPITEL

Der Kode der Nahtoderfahrung

In diesem Kapitel erfahren Sie

- was die Grundelemente einer Nahtoderfahrung sind

- welche Bedeutung der Nahtodkode für unser aller Leben hat

- was Höllenerfahrungen sind

- wie der Kontakt mit der göttlichen Energie die Menschen transformiert

- wie weit Nahtoderfahrungen reichen können und warum die Betroffenen zurückkommen

Die Nahtoderfahrung und ihr Kode

Die Grundelemente jeder Nahtoderfahrung bilden eine Art unveränderlichen Kode, der sich in allen literarischen und religiösen Quellen der Weltgeschichte auffinden lässt. Die Abläufe in Todesnähe ziehen sich wie ein roter Faden durch alles jemals erworbene Wissen.

Immer schon wurden Männer wie Frauen, die sich auf die Suche nach Erleuchtung begeben haben, direkt mit dem Tod konfrontiert. Jede Einweihung (Initiation) in den Weltreligionen oder Geheimgesellschaften beinhaltet eine Begegnung mit dem Tod. Dieser Kode ist schon in den ersten Überlieferungen schamanistischer Jenseitswanderungen identifizierbar. Die Betroffenen fühlten sich erleuchtet, da der Schleier des Nichtwissens mit Liebe und Wahrheit durchdrungen wurde. Viele kamen als Heilige oder Kirchengründer zurück.

Nahtoderfahrungen beinhalten einen direkten Zugang zu transzendentem Wissen und belehren uns darüber, dass der Kontakt zu Gott jedem Menschen offen steht. Deswegen können Nahtoderfahrungen auch als Nah-Gott-Erfahrungen bezeichnet werden. Die freundliche Stimme in jenem Licht widerspricht den meisten menschlichen Gottesbildern und führt sie ad absurdum. Das helle klare Licht wird als Liebe geschildert. Gott ist Liebe. Das ist wohl das größte Geheimnis des Todes. Der Mensch weiß nun, woher er kommt und wohin er zurückkehrt. Der Kode der Nahtoderfahrung, ihre Grundmuster und Merkmale lassen sich folgendermaßen zusammenfassen:

Das Gefühl, tot zu sein, ist verbunden mit einer Stimmungsaufhellung, Leichtigkeit, Schmerzfreiheit, Friede und Glück. Es stellen sich nun außerkörperliche Erlebnisse ein, bei denen der Sterbende sich auf seinen Körper herabschauend erlebt. Dabei wurden selbst bei Blinden verifizierbare Beobachtungen gemacht, die aufzeigten, dass diese während einer NTE sehen konnten. Das rationale Bewusstsein arbeitet ohne Bruch weiter. Die Betroffenen treten dann in eine zumeist dunkle, tunnelartige Übergangszone ein, an deren Ende ein Licht aufscheint. Die Wahrnehmung des meist weiß-goldenen, unendliche Liebe ausstrahlenden Lichts löst Gefühle höchster Seligkeit aus. Man begegnet verstorbenen Angehörigen oder anderen Lichtwesen, mit denen es zu einer telepathischen Kommunikation kommt. Während eines dieser Stadien sehen die Erlebenden ihren Lebensfilm, wobei noch einmal alle Gedanken, Taten und Worte des Lebens mit den Auswirkungen auf alle Beteiligten erlebt werden. Die Rückkehr in den Körper erfolgt meist widerwillig und abrupt. Die meisten NTEs mit Lichterfahrung erzeugen erhebliche Persönlichkeitsveränderungen.
Wissenschaftliche Studien der letzten Jahre weisen bei Menschen, die klinisch tot gewesen sind, einen Anteil von ungefähr 18 Prozent auf, die Nahtoderfahrungen gemacht haben. Eigentlich verhält es sich aber so, dass alle, die sich in Todesnähe befanden, diese Erfahrung gemacht haben. Die Zahlen zeigen, dass 80 Prozent keine Erinnerung an das Geschehen aufweisen. Das liegt an folgenden Umständen:
Ist die Bewusstlosigkeit zu tief und werden zu viele Medikamente verabreicht, kommt es zu Gedächtnisstörungen oder gar zu -verlust. Vor allem Morphine, Sedativa und Opiate verhindern ein bewusstes Erinnern. Psychologische Abwehrprozesse, besonders bei Männern, die das Sterben verdrängen,

sind ebenfalls Gründe für fehlende Erinnerung. Eigentlich positive Nahtoderfahrungen können negativ erlebt werden, wenn der Betroffenen dabei seine Identität infrage gestellt sieht, was zu einer erheblichen Verdrängung führen kann.
Die Häufigkeit von NTEs wird in Deutschlands Krankenhäusern stark unterschätzt, und es gibt kaum ernsthafte Untersuchungen darüber. Todesnäheerlebnisse treten in allen Bevölkerungsschichten auf, wobei sich gezeigt hat, dass die Grundelemente, die hier im Folgenden analysiert werden, universeller Natur sind auf der ganzen Welt. Lediglich die Ausgestaltung der Erlebnisse ist subjektiv, kulturell und religiös geprägt. Der Nahtodkode klärt uns alle darüber auf, was im Augenblick des Todes mit uns geschieht.

Das Gefühl, tot zu sein

Viele Menschen mit Nahtoderfahrung berichten, dass sie reines Bewusstsein waren und ihnen absolut klar war, dass sie gestorben seien. Sie verlassen den physischen Körper und berichten von einer Dimension ohne Zeit. Das *Ich* schwebt über dem Geschehen. Die Betroffenen nehmen sich als körperlos oder extrem leicht wahr, können sich mit sehr schneller Geschwindigkeit fortbewegen und an jeden beliebigen Ort versetzen. »Dann geht es immer schneller und schneller. Man hat das Gefühl, sich mindestens mit Lichtgeschwindigkeit fortzubewegen.« Die Betroffenen begreifen, dass sie Teil eines *einzigen großen Universums sind!* Auch das Zeitgefühl ist stark verändert. Dabei erkennen viele, dass sie tot sind, dass sie gestorben sind. Eine Frau erklärt das so: »In dem Moment war ich nicht die Frau meines Mannes. Ich war nicht die Mutter meiner Kinder. Ich war nicht die Tochter meiner Eltern. Ich war ganz und vollständig ich selber.«[11] In dem Moment, wo der Körper verlassen wird, fällt alles Schwere, die Angst und das Leid von den Betroffenen ab. Manche beobachten ihren Zustand fast sachlich: »Ich konnte einfach nicht glauben, dass mein Leben hier und jetzt enden sollte ... Ich hatte nie daran gedacht, dass ich einmal ertrinken würde und auch nicht daran, dass ich so jung sterben könnte ... « – » ... Die Zeit schien aufgehört zu haben zu existieren. Als Erstes bemerkte ich, dass ich tot war, ganz deutlich. Ich sah von oben auf meinen Körper, war aber nicht bestürzt, ich war tot, und es störte mich nicht.«[12]

Frieden und Schmerzfreiheit

Nun sind alle körperlichen Beschwerden und Schmerzen verschwunden. Blinde können sehen und Rollstuhlfahrer und Amputierte erfahren sich als heil und ganz. In der Fachliteratur finden sich Formulierungen wie: »Es war ein schönes und friedliches Gefühl. Es ging mir unheimlich gut.« – »Das Gefühl, den eigenen Körper abgelegt zu haben, war ungeheuer befriedigend. Ich fühlte mich ruhig, angenehm befreit, zufrieden und zutiefst glücklich.« – »Alles Schwere war weg und tiefer Friede erfüllte mich.«

Es kommt zu einer Stimmungsaufhellung mit Gefühlen von Leichtigkeit, Wohlbefinden, Friede und Glück. Wichtig zu wissen ist es, dass Menschen mit schweren Schmerzen sich bei Nahtoderfahrungen schmerzfrei fühlen. Der Schmerz endet, sobald der Körper hinter sich gelassen wird. Schmerz ist ein Phänomen, das nur mit dem biologischen Körper zu tun hat, niemals aber mit dem Leben nach dem Tod. Aller körperliche Schmerz endet nun.

Ein Mann hatte mit zwölf Jahren einen schweren Verkehrsunfall. Er wurde schwer verletzt und lag im Koma. Als er aus seinem Körper gezogen wurde, schwebte er auf ein wunderschönes weißes Licht zu. »Ich hatte keine Schmerzen mehr und wollte nicht mehr zurück.«[13] Ein Seminarteilnehmer erzählte mir: »Es war eine ekstatische Stimmung in dem Augenblick, wo ich mir bewusst wurde, dass ich weder Schmerzen noch sonst irgendwelche Körperempfindungen hatte. Nichts rührte mich an und ich schloss daraus, gestorben zu sein.« Eine andere Betroffene drückt das so aus: »Die tief greifendste Wirkung für mich ist, dass ich vor dem Tod keine Angst mehr habe ... Zuvor hatte ich große Todesangst. Schmerzen, schwere Schmerzen, führten bei mir zu der Reaktion: Das ist mein Eintritt in die Hölle. Die Schmerzen, die ich ein paar Stunden vor meiner NTE hatte, vermittelten diesen Eindruck sehr deutlich. Mit mir ging es abwärts ... Doch seit meiner Nahtoderfahrung habe ich überhaupt keine Angst mehr davor. Ich war dort, ich weiß, wonach ich suchen muss ...«[14]

Eine andere Frau konstatiert: »Ich habe jetzt keine Angst mehr vor dem Tod. Ich kann Ihnen aus persönlicher Erfahrung versichern, dass der Schmerz endet, auch wenn er noch so schlimm wird und Sie finden sich außerhalb Ihres Körpers wieder, in einer anderen Dimension, noch sehr lebendig, aber ohne jeden Schmerz.«[15]

Ein 13-jähriges Mädchen, dem nach einem schweren Asthmaanfall Lunge und Herz versagten, berichtet von einem kurzen Verlassen des Körpers: »Es war ein komisches Gefühl. Ich hatte große Schmerzen, bevor ich das Bewusstsein verlor. Dann sah ich plötzlich auf meinen Körper hinab ... Das Einzige, was ich erkennen konnte, war mein Körper, der auf dem Boden lag. Dabei fühlte ich mich sehr wohl, so als ob gar nichts passiert war.« Die Befreiung von Schmerz im außerkörperlichen Zustand wird ebenso von vielen Krebskranken bestätigt.

Das Erlebnis der Außerkörperlichkeit

Dieser Baustein der Nahtoderfahrung, dass sich Sterbende plötzlich auf ihren eigenen Körper herabschauend erleben, gilt als ganz wesentliches Element des Nahtodkodes. Für viele Naturwissenschaftler stellt sich die Frage, wie es möglich sein kann, dass Bewusstsein unabhängig vom Gehirn existiert? Das Erleben der Außerkörperlichkeit, wie es von Betroffenen immer wieder berichtet wird, stellt eine immense Bewusstseinserweiterung dar. Alle Begrenzungen des Körpers sind aufgehoben und der Mensch erlebt sich als körperlos. Er nimmt alle Dinge wahr, die sich im Umfeld seines »klinischen Todes« ereignen.

Kenneth Ring und Sharon Cooper veröffentlichten 1999 eine Studie mit Blinden, aus der eindeutig hervorgeht, dass diese echte optische Wahrnehmungen während ihres Todesnäheerlebnisses hatten. Es zeigte sich, dass die Nahtoderfahrung ein umfassender Erkenntnisvorgang ist, weil Bewusstsein unabhängig vom Gehirn existiert. Bewusstsein ist ein universales Phänomen und gilt als Grund allen Seins. Der Begriff »Bewusstsein« kann als Metapher für den christlichen Schöpfergott betrachtet werden, der alle Dinge geschaffen hat und sie in jedem Augenblick erhält. In diesem Sinne ist Bewusstsein die Einheit schlechthin, von der wir alle ein Teil sind. Im außerkörperlichen Zustand zeigt sich, dass Bewusstsein weder im Raum noch in der Zeit lokalisiert ist und durch das Leben oder den Tod nicht beschränkt ist. Da der Mensch ein Teil dieses Universalbewusstseins ist, kehrt er während der außerkörperlichen Erfahrung sozusagen in seinen natürlichen Zustand zurück. Hier machen wir die Erfahrung, dass wir uns in Gedankenschnelle überall aufhalten können, wo es uns beliebt. Wenn wir Kinder haben und im Moment des Todes an sie denken, befinden wir uns in ihrer Gegenwart. Das erklärt die

vielen Vorkommnisse und Erscheinungen im Augenblick des Sterbens.
Sabine Uhlig erlebte bei der Kaiserschnittgeburt ihrer Tochter, wie sie ihren Körper verließ, und berichtete mir von ihrer außerkörperlichen Erfahrung: »Ich schwebte an die Decke, sah zu, wie die Ärzte hektisch versuchten, meinen Körper zu reanimieren. Doch ich fühlte mich wohl und lachte darüber. Während der OP konnte ich ins Nebenzimmer schweben und sehen, wie die Schwestern meine neugeborene Tochter badeten. Dann dachte ich an meinen damals neunjährigen Sohn, der mit seinem Chor auf Sylt war. Ich konnte beobachten, wie er zu Mittag aß, und ich spürte irgendwie, dass er mich noch braucht.«
Später befragte Frau Uhlig die Krankenschwestern, fuhr sogar selbst nach Sylt, um sich das Hotel, in dem ihr Sohn war, anzuschauen – alles war genauso, wie sie es im Todeskampf gesehen hatte!
Außerkörperliche Erfahrungen, das Verlassen des Körpers, werden in der Fachliteratur auch als »Out-of-body-experience« (OBE) bezeichnet. Dieser Zustand kann auch unabhängig vom unmittelbar anstehenden Tod eintreten. Menschen verlassen spontan, sowohl willentlich als auch unfreiwillig, ihren Körper. Eine OBE kann durch bestimmte Synchronisationstechniken der rechten und linken Gehirnhälften unter Laborbedingungen hervorgerufen werden. Dies wurde im Monroe-Institut, Virginia, erforscht. Elisabeth Kübler-Ross beschreibt ihre Erfahrungen damit in mehreren ihrer Bücher.
Bei den Nahtoderfahrungen ist die außerkörperliche Erfahrung das am meisten verifizierte Element des Nahtodkodes. So lassen sich zahlreiche Angaben und Beobachtungen während eines Nahtoderlebnisses überprüfen. Ein wesentlicher Aspekt der OBE ist ein volles Identitätsbewusstsein. Die Betroffenen identifizieren sich mit sich selbst: »Ich sah auf meinen Körper

herab.« – »Ich sah abstoßend aus, weil ich blutete und überall Blutergüsse hatte.« – »Ich sah, dass ich unten im Wasser lag, hatte aber keine Angst.«

Hier nun einige Beispiele dafür, wie eine außerkörperliche Erfahrung erlebt wird: »Nach einiger Zeit schwebte ich in die linke obere Ecke des Raumes. Ich sah mich blutverschmiert in einer Decke auf einem alten Sofa liegen ... Der Notarzt erschien mit seinem Koffer und ich sah, wie eine Infusion angelegt wurde.«[16]

Bei einer schweren Bypassoperation kam es bei einem 43-jährigen Mann zu zweimaligem Herzstillstand: »Plötzlich fühlte ich mich außerhalb meines Körpers halbhoch im Raum schwebend und beobachtete die Bemühungen der Ärzte um meinen Körper. Ich erkannte jedes Detail und verstand ihre Gespräche.«

Zwei Beobachtungen blieben ihm besonders im Gedächtnis. »In dem Schwebezustand sah ich deutlich das Firmenschild/Typenschild eines medizinischen Gerätes. Ich nannte dem Arzt die genauen Bezeichnungen auf diesem Schild.« Es stellte sich heraus, dass die Angaben des Mannes stimmten. Die Schwester bestätigte, dass es für den Patienten unmöglich gewesen sei, dieses Gerät während des Eingriffs zu sehen.[17]

Für die englische Psychologin Susan Blackmore sind derartige Erlebnisse eine Restwahrnehmung der Sinne bei Bewusstlosigkeit und Herzstillstand oder nur glückhafte Vermutung und Phantasie. In gewisser Weise lassen sich immer intellektuelle Argumente für oder gegen eine Sache finden, obwohl das nichts über den realen Gehalt derartiger Erlebnisse aussagt.

Es ist dem amerikanischen Kardiologen Michael Sabom zu verdanken, dass wir heute über ein wasserdichtes außerkörperliches Erlebnis verfügen können, das unter kontrollierten medizinischen Bedingungen die Tatsächlichkeit außerkörperlicher Erfahrungen dokumentiert: Es geht um den spektakulären Fall einer Hirnoperation, die in Phönix, Arizona, vorgenommen wurde. Pam Reynolds hatte ein »Aneurysma« an der Hirnstammschlagader. Um dieses entfernen zu können, sah der Neurochirurg Robert Spetzler nur eine Möglichkeit: Das Blut musste vollständig für eine Weile dem Hirn entzogen werden. Dabei wurde die Körpertemperatur auf 15 Grad Celsius herabgesetzt, um einen zu schnellen Hirntod zu verhindern. Dr. Spetzler öffnete Pams Schädel mit einer »Midas Rex Wirbelwind Knochensäge«. Mit einer Herz-Lungen-Maschine wurde das Blut im ganzen Körper abgesenkt und entnommen. Das Herz schlug nicht mehr, das EEG zeigte die Null-Linie (!) und ein Messgerät am Ohr zeigte das Aussetzen der Hirnstammfunktionen.

Pam war zu diesem Zeitpunkt tatsächlich klinisch tot, bis sie durch Elektroschocks ins Leben zurückgeholt wurde. In dieser Zeitspanne hatte die Frau eine Nahtoderfahrung: Sie hat akustische und optische Wahrnehmungen von der Operation, beschreibt vor allem genau die spezifische Knochensäge: »Das Ding von Säge, dessen Geräusch ich hasste, sah aus wie eine elektrische Zahnbürste ... Auch hatte die Säge auswechselbare Blätter, aber diese Blätter lagen in etwas, das wie ein Behälter für Schraubenzieher aussah ... Ich hörte die Säge aufheulen.«[18]

Dr. Sabom überprüfte diese Aussagen von Pam. Er nahm Einsicht in die Operationsprotokolle und sprach mit Dr. Spetzler. Dabei stellte sich heraus, dass die Knochensäge exakt beschrieben wurde.

»Ich erinnere mich an die Herz-Lungen-Maschine ... Ich mochte das Atmungsgerät nicht ... Ich erinnere mich an eine Menge von Werkzeugen und Instrumenten, die ich nicht genau erkennen konnte.« Dann erlebt Pam in diesem Zustand des Totseins ein Gezogenwerden durch einen Tunnel: »Irgendwo sehr früh in der Tunnelrundung merkte ich, dass meine Großmutter mich rief. Aber ich hörte sie nicht mit meinen Ohren ... Es war ein klareres Hören als mit meinen Ohren ... Ich hatte das Gefühl, sie wollte, dass ich zu ihr komme ... Es war ein dunkler Schacht ... und am fernen Ende war diese winzig kleine Nadelspitze von Licht, die immer größer wurde. Das Licht war unglaublich hell ...« Doch hier wird sie von ihren Verwandten, die sich ihr zeigen, davon abgehalten, ins Licht zu gehen. »... und ich sah dieses Ding, meinen Körper. Ich wollte nicht in ihn hinein. Er sah schrecklich aus. Ich schaute ihn an, wie er war: tot!« Sie wurde aufgefordert, in ihn hineinzuspringen wie in einen Swimmingpool. »Ich fühlte, dass ich definitiv zurückgestoßen und zugleich vom Körper gezogen wurde. Der Körper zog und der Tunnel drückte ... Es war wie in einem Becken von Eiswasser ... Es tat weh!«

Hier liegt der einmalige Fall vor, wo jemand zum Zeitpunkt seiner NTE nachweislich *tot* ist, Null-Linien aufweist und wo ein beherzter Arzt die Aussagen der Betroffenen ernst genommen und überprüft hat. Pam Reynolds beobachtet zunächst das Operationsgeschehen, wobei ihr Bericht mit dem Operationsprotokoll übereinstimmt, erlebt dann den Tunnel, sieht das Licht und begegnet verstorbenen Verwandten. Ihr wird gesagt, dass sie zurückkehren muss. Nun sieht sie sich abermals mit dem Operationsgeschehen konfrontiert und erblickt ihren toten Körper. Hier haben wir es mit einem konkreten Beweis nicht nur einer außerkörperlichen Erfahrung zu tun, sondern der Echtheit einer Nahtoderfahrung unabhängig von Körperfunktionen!

Zum gleichen Ergebnis kommen auch britische Wissenschaftler in ihrer Studie, die sie mit Herzschlagpatienten durchführten (Juni 2001): Bewusstsein existiert unabhängig vom Körper, vom Gehirn: Die Identität des Ichs, die sehr deutlich hervortritt, bleibt im Außerkörpererlebnis erhalten. Das bedeutet, dass die Wurzeln des Ichbewusstseins außerhalb des Körpers liegen und nicht in den physisch messbaren Hirnstrukturen zu finden sind.

Das Tunnelerlebnis

Der Tunnel, der bei einer Nahtoderfahrung durchquert wird, gehört heute zu ihren bekanntesten Aspekten. Tunnel und am Ende das Licht sind zu einem Synonym für Todesnäheerlebnisse geworden. Der Tunnel ist ein Symbol für den Übergang in die geistige Welt.

»Ich ging durch einen dunklen Tunnel. Je näher ich zu dem Tunnelausgang kam, desto heller wurde es«,[19] ist eine Aussage über dieses Erleben, die für abertausende von Berichten steht.

Eine Seminarteilnehmerin erzählte mir: »Ich hatte mit zwölf Jahren eine Fischvergiftung und musste ins Krankenhaus. Ich hatte sehr hohes Fieber und Magenkrämpfe und wurde ohnmächtig. Ich sah einen langen, schmalen Tunnel und am Ende ein Licht. Ich hatte keine Schmerzen mehr und es war warm. Ich fühlte mich geborgen.«

Manche sprechen davon, durch eine Dunkelheit oder Leere hindurchgegangen zu sein. Andere beschreiben Straßen, Korridore, Flüsse, Räume, Bergpässe, Brücken, lange Gänge oder gar dunkle Wolken. »Ich befand mich in einem schwarzen, leeren Raum und wusste, dass ich tot war, aber ich verspürte keine Angst. Auf einmal breitete sich Nebel aus und genau in seiner Mitte strahlte ein schönes, helles Licht. Ein allumfassendes Wissen und Staunen erfüllte mich.«[20] »Plötzlich schwebte ich durch eine grau-schwarze Wolke, an deren Ende es auf einmal heller und heller wurde. Ich schwebte in einem von unaussprechlich schönem Weiß durchfluteten Raum.«[21] Manche nehmen auch Geräusche wahr, von einer Art Rauschen bis hin zu ätherischer Musik.

»Ich glaube, da war ein Geräusch ... Es kam mir vor wie die ferne Musik eines klassischen Orchesters, zu weit entfernt, um es richtig einzuordnen, auf jeden Fall sehr angenehm.«[22] In jedem Fall vollzieht sich während dieses Übergangs eine immense Erweiterung des Bewusstseins. Durch die enorme Geschwindigkeit bei der Durchquerung des Tunnels oder ähnlichem, kommt es zu einem Zusammenbruch des Raum- und Zeitempfindens, da die Zeit, die hier verbracht wurde, nicht erinnert wird. Auch von der Überwindung riesiger Distanzen ist immer wieder die Rede. Der Übergang stellt die Verbindung zu einer anderen Dimension her.

»Ich geriet in Bewegung. Ohne mein Zutun trieb es mich weiter in diese unheimliche Finsternis. Ich wurde schneller. Es war ein riesiger Tunnel, durch den es mich mit zunehmender Geschwindigkeit zog ... Als ich schließlich in atemberaubenden Tempo durch diesen Tunnel raste, hatte ich jedes Gefühl für Zeit und Raum verloren ... Ich begriff, dass ich mich in einem Zustand erhöhter Bewusstheit befand, in einer Dimension, in der es weder Raum noch Zeit gab ... Es war, als hätte ich Raum und Zeit selbst überholt.«[23]

Durch das Übergangserlebnis des Tunnels verändert sich das Zeitgefühl des Betroffenen. Dadurch verwandelt sich seine Schwingung und es stellt sich eine Bewusstseinserweiterung ein. Das vom Körper losgelöste Ich erkennt nun nicht länger Dinge der physikalischen Welt, wie es noch beim außerkörperlichen Erleben beschrieben wird; hierbei werden zunächst die Ereignisse in der unmittelbaren Umgebung des Todes wahrgenommen, also die physikalisch-materielle Welt. Dann geht dieses außerkörperliche Sehen in die Tunnel- und Lichtvision über. Es wird nun ein visionäres Licht erlebt, auf das die Betroffenen zurasen. Während dieser Reise erweitert sich das Bewusstsein dergestalt, dass das Ich imstande ist, die geistige Welt zu schauen. Neben dem Licht können nun andere Lichtwesen, Verstorbene, unbekannte Farben oder wundervolle Landschaften wahrgenommen werden. Es sind alles Dinge, die nicht von dieser Welt sind, also übersinnliche oder außersinnliche Wahrnehmungen. Die gesamte Perspektive des Ich verändert sich, da alles, was vorgeht, nun gleichzeitig erlebt wird und bewusst ist. Durch die im Tunnel erlebte Bewusstseinserweiterung verbindet sich Alles mit Allem. Der Geist begegnet sich in Allem selbst und ist sich gleichzeitig seiner Einzigartigkeit voll bewusst.

Höllenerfahrungen

Die Höllenerlebnisse, von denen zirka fünf Prozent aller Nahtoderfahrenen berichten, finden in der Übergangssituation des Tunnels statt. Die negativen Erfahrungen sind eine Begegnung mit der eigenen Angst und haben häufig mit dem Sich-Sträuben gegen die Situation zu tun und der Unfähigkeit, zu vertrauen und sich fallen zu lassen. Werden diese Menschen dann aus der unangenehmen Tunnelerfahrung unmittelbar zurückgeholt, bleibt die Erinnerung negativ angstbesetzt. Erlebnisse mit negativem Inhalt finden während der Außerkörperlichkeitsphase bzw. beim Tunnelerlebnis statt. Es kommt zum Eintritt in eine dunkle, höllische Welt, wobei Dämonen oder andere finstere Gestalten verurteilen oder bedrohen. Es kann auch eine dunkel-kalte, unendliche Leere erlebt werden, die kein Entrinnen ermöglicht und die eigene Existenz bedroht. Da

wir, sobald wir unseren Körper verlassen haben, letztlich mit unserer eigenen Innenwelt konfrontiert sind und sich unsere Gedanken direkt manifestieren, sind wir natürlich anfällig für unsere Schattenseiten. In der Regel geht aber eine negative Erfahrung in ein positives Erleben über.
Es scheint eine Grenze zu geben für alles Negative, weil die anschließende Erfahrung der geistigen Welt oder des Jenseits immer als positive Begegnung mit der Liebe charakterisiert wird. Alle als dunkel bezeichneten Regionen des Jenseits finden sich in Erdnähe. Das heißt, dass einige Seelen im Übergang stecken bleiben: sei es aus Unkenntnis, dass sie gestorben sind oder sei es, dass sie die Erde nicht loslassen können, aus welchen Gründen auch immer. In jedem Fall sind wir mit unserem eigenen Bewusstseinszustand konfrontiert und haben jederzeit die Möglichkeit, uns weiterzuentwickeln.

Die Begegnung mit Verstorbenen oder Lichtwesen

Während einer Nahtoderfahrung kommt es sehr häufig zu einer Begegnung mit schon verstorbenen Angehörigen. Bei der Durchquerung des Tunnels berichten zahlreiche Erlebende davon, die Anwesenheit von Verstorbenen wahrgenommen zu haben. Diese Wesen erscheinen in der Form, wie man sie gekannt hat; die Kommunikation erfolgt durch Gedankenübertragung.
Besonders bemerkenswert an diesen Begegnungen ist es, dass manchmal Personen gesehen werden, von denen der Betroffene nicht wissen konnte, dass sie schon gestorben waren. Andere berichten von einem Treffen mit ihnen bis dahin unbekannten Personen, wobei sich später herausstellt, nachdem sie

ins Leben zurückgekehrt sind, dass es sich um verstorbene Verwandte handelte, die ihnen nicht bekannt waren.
In der medizinischen Studie von Pim van Lommel wird ein solches Beispiel zitiert: »Ein Patient erzählte mir, dass er während seiner NTE, die durch einen Herzstillstand verursacht wurde, nicht nur seine verstorbene Großmutter sah, sondern auch einen Mann, der ihn liebevoll ansah, welchen er aber nicht kannte. Mehr als zehn Jahre später, auf dem Totenbett seiner Mutter, erzählte sie ihm, dass er ein uneheliches Kind sei. Sein Vater war ein Jude, der deportiert wurde und der während des Zweiten Weltkrieges ums Leben kam. Seine Mutter zeigte ihm ein Bild: Es war der unbekannte Mann, den er während seiner Nahtoderfahrung gesehen hatte. Dieser Mann war sein biologischer Vater.«[24]
Elisabeth Kübler-Ross stellte bereits 1984 in ihrem Buch »Kinder und Tod« fest, dass kein einziges der sterbenden Kinder jemals lebende Personen während einer Nahtoderfahrung gesehen hatte. Gerade bei kleinen Kindern könnte angenommen werden, dass sie sich nach ihrer Mutter oder ihrem Vater sehnen. Alle bis heute vorliegenden Studien weisen aber darauf hin, dass es sich in diesen Visionen immer um schon verstorbene Angehörige handelte.
Der amerikanische Kinderarzt Dr. Melvin Morse, der Anfang der neunziger Jahre eine umfassende Untersuchung über Todesnäheerlebnisse von Kindern vorlegte, kam zu identischen Ergebnissen. Einige der Kinder sprachen mit verstorbenen Freunden und Verwandten und berichteten über Einzelheiten, von denen sie ohne wirklichen Kontakt zu den Toten nichts wissen konnten.
Der siebenjährige Cory, der schon mit drei Jahren an einer unheilbaren Leukämie erkrankte, hatte in den letzten Monaten vor seinem Tod mehrere außerkörperliche Erfahrungen. Bei

einer Gelegenheit erzählte er seiner Mutter, dass er einen alten Freund aus ihrer High-School-Zeit getroffen habe, der durch einen Autounfall verkrüppelt sei. Die Mutter hatte den Mann Cory gegenüber nie erwähnt ... und doch kannte Cory den Mann. Er kam während Corys Vision auf ihn zu und stellte sich als alter Jugendfreund seiner Mutter vor. Er solle seiner Mutter ausrichten, dass er nun laufen kann. Telefongespräche bestätigten, dass der alte Freund genau an dem Tag gestorben war, an dem Cory die Vision hatte.[25] Bei einer anderen Erfahrung traf der kleine Junge einen Freund, der noch eine Woche zuvor im Krankenhaus gewesen war. Am nächsten Tag erfuhr die Familie, dass Corys Freund in der Nacht zuvor unerwartet gestorben war.[26]

Neben den Begegnungen mit Verstorbenen werden bei Nahtoderfahrungen häufig auch nicht näher identifizierbare Lichtwesen wahrgenommen. Ein 14-jähriger Junge, der durch ein schweres rheumatisches Fieber eine NTE hatte, verließ seinen Körper. Zunächst beobachtet er den Versuch der Ärzte, ihn wiederzubeleben, als er eine ungeheure Steigerung seiner Auffassungsgabe bemerkt. Er erkennt zwei Lichtwesen an seiner Seite, die bei ihm bleiben, während er das Schauspiel unter sich beobachtet. Die Gegenwart der Lichtwesen gibt ihm ein Gefühl des Friedens, der Liebe und des Verstehens. Den Ärzten entgleitet das Leben des Jungen immer mehr. Die Lichtwesen fragen ihn, ob er auf der Erde bleiben will oder mit ihnen gehen möchte. Er entscheidet sich, am Leben zu bleiben und die Lichtwesen bringen ihn zu seinem Körper zurück.[27] Auch die Begegnung mit einem Schutzengel wird in Todesnäheerlebnissen häufig erwähnt: »Ich sah ein gelbes Licht und darüber einen großen Engel. Ich glaube, es war mein Schutzengel.«[28]

Aus diesen Gesamtzusammenhängen lässt sich erschließen,

dass niemand alleine stirbt. Entweder werden wir von verstorbenen Verwandten abgeholt oder aber von liebevollen Lichtwesen in Empfang genommen. Selbst wenn jemand alleine in der Wüste verhungert oder verdurstet, sind Geistwesen bei dem Betroffenen, um ihm bei seinem Übergang behilflich zu sein. Sobald sich die Lebensenergie aus dem Körper zurückzieht, verändert sich die Schwingung des Sterbenden. Aufgrund des erweiterten Bewusstseinszustands ist der Mensch nun imstande, die geistige Welt, die ihn an sich immer umgibt, wahrzunehmen.

Im aktuellen Sterbeprozess erkennt man diesen Vorgang daran, dass die Sterbenden ihre Arme auf ein imaginäres Ziel hin bewegen. Darüber hinaus dürfte es vielen Menschen bekannt sein, dass Sterbende kurz vor ihrem endgültigen Tod Visionen von verstorbenen Angehörigen oder Geistwesen beschreiben, die sie abholen wollen. Diese Vorgänge auf dem Sterbebett wurden in den vergangenen Jahrzehnten immer wieder zum Gegenstand wissenschaftlicher Untersuchungen auf der ganzen Welt.

Elisabeth erzählte von dem Tod des 16-jährigen Sohnes ihrer besten Freundin. Der Junge war unheilbar an Mukoviszidose erkrankt. Er lag schon längere Zeit auf der Intensivstation und wurde künstlich beatmet. Er war total verschleimt und konnte nicht sprechen. Kurz vor seinem Tod zog der Junge plötzlich alle Infusionsnadeln eigenhändig heraus und sprach mit seiner Mutter. Er bekam Luft, trotz der Verschleimung. Dann fing er an zu singen, ein Lied, das keiner der Anwesenden je gehört hatte. Mit den Worten: »Es ist wunderschön hier!« verstarb er kurz darauf.

Insgesamt lässt sich feststellen, dass bei den heute verifizierten Nahtoderfahrungen von Millionen von Menschen auf der ganzen Welt diese ausschließlich schon verstorbene Angehörige oder Lichtwesen sehen. Niemals kommt es zu einer Begegnung mit noch lebenden Menschen! Das ist ein Fakt, der uns sehr wohl zu denken geben sollte. Noch eindeutiger spricht für das Vorhandensein der geistigen Welt, wenn Verstorbene wahrgenommen werden, von denen die Sehenden gar nicht wissen konnten, dass sie gestorben sind. Manchmal werden auch zukünftige Dinge erfahren. Stefanie Erl berichtet, dass sie am Ende des Tunnels ihre Großeltern sah. »So im Vorbeischweben sagten sie mir, dass sie nicht mich, sondern ihre Tochter abholen wollten ...« Zwei Tage später starb tatsächlich ihre Tante.[29]

Besonders aufschlussreich ist auch das Erlebnis von Renate: »Aus dem Hintergrund der Bäume kamen bekannte Verstorbene sowie unbekannte zum Vorschein. Die Gesichter der Verstorbenen waren gut zu erkennen.« Dann trifft sie unerwartet ihre Tante Cilla. »Du auch hier?« Tante Cilla lächelt neben ihrem Vater. Später stellt sich heraus, dass Cilla unmittelbar vor dem Nahtoderlebnis gestorben war![30]

Die Lichterfahrung

Die Begegnung mit dem Licht gilt heute in der Forschung als das transformierende Element einer Nahtoderfahrung. Alle Betroffenen, die das Licht gesehen haben, weisen starke Persönlichkeitsveränderungen auf. Subjektiv gibt es unterschiedliche kulturelle Abweichungen hinsichtlich der religiösen Deutung des Ereignisses. Viele Christen beschreiben das Erlebnis als Begegnung mit Gott oder Jesus Christus. Muslime erblicken eher Mohammed, Buddhisten halten die Erscheinung für Buddha, die Hinduisten erkennen bestimmte Figuren ihrer übergroßen Götterwelt.

Objektiv aber wird das Lichtwesen als reine bedingungslose Liebe dargestellt. Es handelt sich um die größtmögliche Liebesenergie überhaupt. Unabhängig von der Interpretation der Lichtgestalt wird diese dem Verstandesmenschen kaum zugängliche Liebe mit Verständnis, Ruhe, Geborgenheit, Frieden, Harmonie oder Heimat assoziiert.

Viele erinnern sich spontan, dieses Licht schon einmal gesehen zu haben. »Ich ging direkt in das wunderbarste goldene Licht ein. Wirkliche wahre Liebe! Solch ein Friede, Geborgenheit, Ruhe. Ich dachte an nichts und machte mir keine Sorgen. Mein wunderbares goldenes Licht war überall um mich herum, es durchdrang mich! ... Heute noch spüre ich das Licht in mir und fühle mich davon umgeben.«[31]

In einem anderen Beispiel macht Peggy folgende Aussage über das Licht: »... es sieht aus wie das hellste blau-weiße Licht, das man sich vorstellen kann, und das noch um das Zehntausendfache vervielfacht. Anfangs hatte ich noch ein wenig Angst, als es auf mich zukam ... obwohl es mir nicht in den Augen wehtat ... je länger ich es ansah, desto mehr faszinierte mich diese Friedfertigkeit. Dieses Licht war äußerst angenehm; ... ich wusste auch sofort, dass das nicht einfach nur ein Licht war, sondern dass es lebte! Es hatte einen Charakter und war eine Intelligenz jenseits allen Begreifens. Ich wusste, dieses Licht war ein Wesen, und ich wusste, dass dieses Lichtwesen Gott war und kein Geschlecht hatte!«[32]

Durch die Wahrnehmung des weiß-goldenen oder in jedem Fall außerordentlich hellem Licht, das nicht blendet, spüren die Menschen durch hochkonzentrierte Gedanken ihr volles Ich-Bewusstsein. Sie lösen sich von den Bindungen des irdischen Lebens und erfahren eine Liebe, die sie einerseits so noch nie erlebt haben, andererseits fühlen sie sich angenommen, geborgen und zu Hause. Das strahlend schöne Licht wird zum

Inbegriff absoluter Liebe und absoluten Begreifens. Gefühle höchster Seligkeit werden ausgelöst, sodass alles Irdische zurückgelassen werden kann und nur noch der Wunsch besteht, mit dem Licht zu verschmelzen.

Manchmal kommt es sogar zu mystischen Einheitserfahrungen mit dem Göttlichen, von dem sich diese Menschen als Teil begreifen. »Diese Helligkeit war keine Person oder Raum. Es war die absolute Liebe, das, was man sich immer gewünscht hat, ein warmes Leuchten, wie ein liebevolles Warten auf mich ... Alles in mir war nun darauf aus, in dieses Licht hineinzuschweben, sich darin aufzulösen, ja, es wäre ein Auflösen gewesen. Soweit ich noch denken konnte, dachte ich nur, dass es dieses ist, wofür ich überhaupt gelebt habe, und jetzt bin ich da. Dieses Hinstreben war so stark und so ein intensives Gefühl in mir, wie ich es in meinem Leben nie empfunden habe.«[33]

Das Licht ist also eine hochgradige Liebesenergie, die in den Betroffenen einströmt und ihn für immer verändert. Es ist außerkörperlichen Ursprungs, wie es viele namhafte Nahtodforscher wie Dr. Melvin Morse, Michael Sabom oder Kenneth Ring in ihren Studien festgestellt haben. Das Lichterlebnis kann nicht künstlich in Gang gesetzt werden. Durch die Stimulation der rechten Gehirnhälfte können zwar einige Elemente der NTE wie: außerkörperliches Erleben, Lebensfilm oder Begegnung mit Geistwesen stimuliert werden, nicht aber die Lichterfahrung. Das Licht ist ein geistiges Bewusstseinsfeld, mit dem jeder, der stirbt, konfrontiert ist. Von vielen Betroffenen wird es als direkter Kontakt mit Gott erfahren. Das Eintauchen in diese All-Liebe kann so weit führen, dass sich *alle Zeit aufhebt* und sämtliche Geheimnisse der Existenz enthüllt werden. Der Energieaustausch ist so intensiv, dass es zu einer immensen Persönlichkeitsveränderung führt. Die Betroffenen *wissen* nun, dass Gott existiert.

Die Kommunikation zwischen dem Lichtwesen und dem Todeserlebenden ist telepathischer Natur, wie eine innere Übereinkunft ohne Worte. Da der Tod Bewusstseinserweiterung bedeutet, erleben die Betroffenen die Verschmelzung mit dem uns stets umgebenden Bewusstsein. Wir sind schon auf Erden Teil dieses Ewigen und werden es immer sein.

Die Lebensrückschau

Eine der ganz wesentlichen Elemente der Nahtoderfahrung ist die Lebensrückschau. Dabei werden wir nicht nur aus der Perspektive, wie wir selbst eine Situation erlebt haben, mit unserem ganzen Leben konfrontiert, sondern wir erleben die Folgen unserer Gedanken, Worte und Taten.
»Es war, als würde ich mein Leben von Anfang bis Ende in einer auf Schnellvorlauf gestellten Filmschneidemaschine sehen. Es begann mit meiner Zeugung ... dann folgte die Kindheit, Jugendzeit und so weiter bis zu meiner Nahtoderfahrung, die ich noch einmal erlebte. Ich sah mein Leben, lebte es noch einmal. Alles, was ich je gefühlt hatte, fühlte ich noch einmal – jeden Schnitt, jeden Schmerz, jedes Gefühl und alles, was zu dem jeweiligen Abschnitt meines Lebens dazugehörte. Gleichzeitig sah ich die Auswirkung meines Lebens auf meine Mitmenschen ... Ich fühlte alles, was sie fühlten, und dadurch begriff ich die Folgen meines gesamten Tuns, des guten wie des schlechten.«[34]
Eine solche Lebensrückschau wird häufig als positiv, aber gleichzeitig auch als erschreckend erkannt. Jeder Gedanke des Lebens wird bewusst. Unsere Taten, Worte und Gedanken bilden ein Energiefeld, das uns selbst, wie auch andere Menschen beeinflusst.

Alles, was wir auf Erden tun oder denken, hat einen tieferen Sinn. Es ist so, als ob wir uns zum ersten Mal ungeschminkt ins Gesicht sehen. Der Maßstab in Gegenwart des liebenden Lichts ist Liebe: Die einzig bedeutsame Frage ist, ob Liebe gegeben wurde oder zurückgehalten wurde. Der Betroffene gewinnt immens an Lebenseinsicht über den Zweck und Sinn seiner Existenz hier auf Erden.

Wir sind bei der Lebensrückschau mit den Erinnerungen, Gefühlen und dem Bewusstsein anderer Menschen verbunden, weil das in der geistigen Welt unvergängliche Energiefelder sind. Insofern erleben wir nun direkt die Konsequenzen unserer Gedanken, Worte und Handlungen auf andere. Die vergangenen Augenblicke werden wiedererlebt, und nun spüren wir auch den Schmerz der anderen, den wir bei ihnen ausgelöst haben. Wir erleben nicht nur die eigene Perspektive und die eigenen Gefühle in den Ereignissen unseres Lebens, sondern haben gleichzeitig Zugang zum Bewusstsein der beteiligten Personen. Wir erkennen selbst, ohne dass wir von außen beeinflusst oder gar gerichtet werden, welche Dinge wir gut oder nicht so gut gemeistert haben. Nichts geht verloren, da alles Bewusste und Unbewusste in einem Energiefeld in der geistigen Welt gespeichert ist. Zeit und Raum existieren nicht länger, da alles gleichzeitig ist. Sobald wir uns auf ein bestimmtes Erlebnis konzentrieren, erleben wir es wieder.

Es ist wichtig für jeden von uns zu wissen, dass wir sehr wohl aktiv in das Geschehen eingreifen können, wenn wir es wünschen. Mellen berichtet: »Und ich sah Dinge, die mich unglücklich machten, und wie schlecht es mir gegangen war und Ähnliches, deshalb sagte ich an diesem Punkt: ›Stop!‹, und alles hielt einfach an! Und plötzlich merkte ich, dass das eine interaktive Erfahrung sein musste, weil ich mit ihr sprechen konnte.«[35]

Die Ganzheit, die erlebt wird, wie auch die Verbundenheit mit allen Lebewesen und Dingen wird ermöglicht durch die immense Bewusstseinserweiterung. Dennoch bleibt das Ich-Bewusstsein erhalten: »Als ich mit 17 fast im Meer ertrank, sah ich mein ganzes Leben im Licht – aber anstatt als Abfolge von Ereignissen kam alles auf einmal. Damals lernte ich, dass die Zeit so, wie wir sie uns vorstellen, nicht existiert, ebenso wenig wie die Trennung zwischen uns ... Es war eigentlich fast so, als würde es ›den Anderen‹ gar nicht geben. Ich sage *fast,* weil ich mir meiner selbst bewusst war, aber gleichzeitig auch wusste, dass meine Bewusstheit innerhalb einer feinen Struktur lebte, die ewig und überall existiert.«[36]

Anders ausgedrückt sind wir als individuelle und bewusste Lebewesen Teil eines uns umgebenden höheren Bewusstseins, mit dem wir durch den göttlichen Funken in uns immer verbunden sind. Wenn das Erlebte später berichtet wird, können die Betroffenen Stunden über Stunden über ihre Lebensrückschau erzählen – obwohl es nur wenige Minuten dauerte! Einer der Probanden in Pim van Lommels Studie erzählt: »Mein ganzes Leben bis hin zur Gegenwart wurde mir in einer Art dreidimensionalem Panoramarückblick gezeigt und jedes Ereignis war begleitet von einem Bewusstsein von Gut oder Böse oder einer Einsicht von Ursache und Wirkung. Ich nahm nicht nur mein ganzes Leben von meinem eigenen Blickwinkel wahr, sondern nun wusste ich alle Gedanken von *jedem* Beteiligten eines Ereignisses, als würde ich ihre Gedanken denken. Das bedeutet, dass ich nicht nur wahrnahm, was ich getan und gedacht hatte, sondern sogar, in welcher Weise es andere beeinflusst hatte, als ob ich die Dinge mit allwissenden Augen sah. Insofern sind all deine Gedanken präsent, nicht verloren. Während des Rückblicks wurde die ganze Zeit auf die Wichtigkeit der Liebe hingewiesen.

Wenn ich mich zurückerinnere, kann ich nicht sagen, wie lange der Lebensrückblick gedauert hat. Er mag sehr lang gewesen sein, weil jedes Detail gezeigt wurde, doch gleichzeitig kam es mir wie Bruchteile von Sekunden vor. Ich nahm alles *gleichzeitig* wahr. Zeit und Raum schienen nicht länger zu existieren. Ich war an vielen Orten gleichzeitig, und manchmal wurde meine Aufmerksamkeit auf verschiedene Dinge gelenkt und dann war ich da.«[37]

Es besteht ein große Unterschied zwischen einer vollständigen Rückschau und so genannten »Flashs«. In diesen tauchen plötzlich bestimmte Ereignisse unserer Vergangenheit wieder auf. Flashs können durch Todesangst, Schock und Stresseinwirkung bei schweren Verkehrsunfällen oder durch Drogeneinwirkung und tiefe Meditationserfahrungen hervorgerufen werden. Diese fragmentarischen Erinnerungen führen jedoch nicht zu neuen, tiefen Lebenseinsichten oder gar einer Transformation der Persönlichkeit.

Die Vorausschau

Manchmal erleben Menschen bei tiefen Nahtoderfahrungen sogar Einblicke in ihre eigene Zukunft oder in das globale Schicksal der Menschheit. Auch bei diesen Erlebnissen zeigt sich, dass Zeit und Raum nicht existieren und alles gleichzeitig erfahren wird. In der wissenschaftlichen Lommel-Studie heißt es: »... dann beobachtete ich Teile meines zukünftigen Lebens: Die Sorge um meine Kinder, die Krankheit meiner Frau, Umstände, die mich belasten würden, bei meiner Arbeit oder im Privatleben. Ich sah das alles, aber dann hatte ich das Gefühl, mich jetzt entscheiden zu müssen: Ich kann hier bleiben oder ich muss zurückgehen, doch ich muss es jetzt entscheiden.«[38]

Die prophetischen NTEs stellen die gewohnte Auffassung der Raum-Zeit-Dimension infrage. Es handelt sich um eine geistige Dimension, in der Vergangenheit, Gegenwart und Zukunft gleichzeitig im Jetzt stattfinden. Das ist für den Menschen eine kaum vorstellbare Tatsache. Die moderne Quantenphysik hat diese beschriebene Gleichzeitigkeit längst zu ihren Grundannahmen erhoben.

Steve hatte nach einem operativen Eingriff eine Nahtoderfahrung. Er bemerkt ein Wesen aus Licht und wusste, dass er dieses Licht schon einmal gesehen hatte. Steve empfindet dieses Licht als wunderschöne Frau: »Sie zeigte mir einige Einzelheiten zu meinen Kindern, (die damals noch nicht geboren waren) und offenbarte mir einen Blick auf eine andere Frau … meine Frau, mit der ich verheiratet war.«[39]

Kenneth Ring und andere Nahtodforscher unterscheiden zwischen spontanen Einblicken in die persönliche Zukunft und prophetischen Visionen von zukünftigen globalen Ereignissen. Dieses Erleben findet meist nach dem Lebensrückblick statt, aber diese Visionen werden von den meisten Betroffenen nur kurz bis mittelfristig erinnert.

Die Menschen gewinnen einen unbeschränkten Zugriff auf sämtliche Informationen über die Geschichte und Evolution der Erde: Die Ewigkeit des zeitlosen Augenblicks öffnet die Fenster zwischen den Dimensionen, sodass vergangene Ereignisse ebenso zugänglich sind wie gegenwärtige und zukünftige. Prophetische Visionen bilden gleichsam den Höhepunkt jeder NTE, weil es den Menschen nun gelingt, ihre irdische Existenz loszulassen und direkt zu Gott vorzudringen. Es ist der Punkt der Wandlung eines eingeschlossenen Bewusstseins in Fleisch und Blut hin zum göttlichen Bewusstsein. Zurückgekehrt in den Körper werden dann meist unzusammenhängende Szenen konkurrierender Sinneseindrücke erinnert.

Gipfelerfahrung

Neben diesen Hauptmerkmalen des Nahtodkodes gibt es heute eine steigende Anzahl von Berichten, die weit über dieses Schema hinausgehen. Es werden jenseitige Landschaften, fremde, auf Erden nicht bekannte Farben beschrieben, eine Verbundenheit mit allem Wissen bis hin zu den Gipfelerfahrungen einer direkten Verschmelzung mit Gott. Insofern verfügen wir heute durch die vielfältigen Todesnäheerlebnisse über ein erstaunliches Profil der jenseitigen Welt. Eine reichhaltige Anzahl derartiger Beispiele finden Sie in meinem Buch »Das Leben danach. Was geschieht, wenn wir sterben.« Diese neben den Standardfällen weitergehenden Erfahrungen finden sich ebenfalls auf der ganzen Welt. Sie sind vergleichbar mit mystischen Erfahrungen, worauf ich an späterer Stelle zurückkommen werde.

Die widerwillige Rückkehr

Die Rückkehr in den Körper erfolgt auf zweierlei Weise: Sie kann von den Betroffenen gewünscht sein oder gegen seinen Willen erzwungen werden. Jeder, der die Ekstase des Lichtes erlebt hat, weiß nun vom Vorhandensein einer Kraft der Liebe, die unbeschreiblich ist und die als eigentliche Heimat erkannt wird. Auf dieser Ebene des Erlebens zeigt sich, dass der Grund für die Rückkehr unvollendete Aufgaben oder nicht gelöste Probleme sind. Durch die Erfahrung der Lebensrückschau sind diese Menschen zum ersten Mal mit sich selbst in einer Weise konfrontiert worden, dass sie nun erkennen können, was sie noch im Leben zu erledigen haben.

In der Welt des Jenseits muss offenbar eine Barriere oder

Grenze überwunden werden, bevor ein Mensch endgültig stirbt und nicht in seinen Körper zurückkehren kann. Die Patienten *wissen* während ihres Erlebens, dass, wenn sie diese Grenze überschreiten, keine Rückkehr mehr möglich ist. In den Berichten sind es manchmal verstorbene Angehörige oder Lichtwesen, welche die Betroffenen davon abhalten, zu weit ins Licht zu gehen: »Während einer Notoperation verließ Petra ihren Körper. Sie schwebte durch einen Tunnel, an dessen Ende ein helles Licht aufschien. Sie kam darauf zu, doch nun stand sie vor einem großen Tor. Sie sah eine leuchtende Lichtgestalt davor, die die Hand ausstreckte und ihr bedeutete, zurückzugehen, weil ihre Zeit noch nicht gekommen war.«

Andere berichten davon, sogar verhandelt zu haben, um ins Leben zurückzukehren. Eine Frau erinnert sich an ihren Autounfall: »Das Wesen erklärt ihr, es sei Zeit zu sterben. Sie weigert sich mit der Begründung, sie sei zu jung, um zu sterben, doch das Wesen gibt nicht nach, bis sie sagt: ›... aber ich bin noch jung, ich hab noch nicht genug getanzt!‹ Da lacht das Wesen laut auf und erlaubt ihr, weiterzuleben.

Etwa 30 Jahre später erleidet sie bei einer Operation einen Herzstillstand. Wieder gleitet sie durch den Tunnel und steht vor dem Wesen, das ihr erneut sagt, es sei jetzt Zeit zu sterben. Diesmal bringt sie das Argument vor, sie müsse ihre Kinder aufziehen und könne sie in diesem Alter noch nicht verlassen. ›Na schön‹, sagt das Wesen, ›aber das ist das letzte Mal. Das nächste Mal musst du bleiben.‹ «[40] Auffällig an diesem Beispiel ist, dass die Betroffene durch ihren freien Willen aktiv am Geschehen beteiligt ist. Sie kann sich offenbar selbst entscheiden, ob sie zurückkehren will oder nicht. Das Lichtwesen reagiert schon beinahe humorvoll.

Einige der Erlebenden erflehen geradezu die Rückkehr. Sie wollen ihre Angehörigen noch nicht zurücklassen und sich noch um ihre Kinder, Ehegatten etc. kümmern. Ein Seminarteilnehmer sagte dazu: »Die Liebe war die einzige Wirklichkeit. Doch dann dachte ich an meine Frau und an meine Kinder und wollte unbedingt zurückkehren.«

Eine Frau erzählte Dr. Melvin Morse: »Es war eine wunderbare Erfahrung, aber plötzlich kam mir, dass ich dabei war, diese Welt zu verlassen, dass ich am Sterben war. Doch das wollte ich nicht! Ich hatte ja zwei Kinder und wusste nicht, was mit ihnen werden würde, wenn ich nicht mehr bei ihnen war. Als ob er meine Gedanken lesen könnte, lachte der Mann neben mir und sagte: ›Du stirbst schon nicht, du hast noch nicht erledigt, was es für dich zu erledigen gibt!‹ Etwas zog mich den Weg zurück, den wir gekommen waren. Dann war ich wieder bei Bewusstsein.«[41]

Allgemein erhärtet sich der Eindruck, dass die Menschen mit Nahtoderfahrung nicht frei entscheiden können, ob sie dableiben wollen oder nicht. Der Verlust des Himmels wird besonders in dem Augenblick verspürt, wenn der Erlebende in seinen Körper zurückgezogen wird. Die Schmerzen kehren zurück, und die Welt ist wieder auf das rein Körperliche begrenzt. Die Frau im nächsten Beispiel wurde vom Lichtwesen direkt aufgefordert zurückzugehen, um ihre Aufgabe im Leben zu erfüllen: »... und dann bekam ich Angst! Mir war klar geworden, dass ich wieder auf die Erde zurück musste ... es war so entsetzlich, dass ich mir nichts Schlimmeres vorstellen kann. Ich wollte nicht zurück!«[42]

Das entscheidende Kriterium für oder gegen eine Rückkehr in den Körper ist davon abhängig, inwieweit die Lebensaufgabe erfüllt wurde oder nicht. Die eigentliche Rückkehr in den Körper wird als sehr abrupt geschildert: »Plötzlich war ich wieder unten in meinem Körper.« – »Auf einmal war ich wieder in meinem Körper und mir war sehr kalt.«

3. KAPITEL

Persönlichkeitsveränderung

In diesem Kapitel erfahren Sie

- wie tief greifend sich die Lebenseinstellung durch eine Nahtoderfahrung verändert

- dass der Prozess, eine Nahtoderfahrung zu integrieren, sieben Jahre dauert

- von den bahnbrechenden Ergebnissen holländischer Forscher

- dass Nahtoderfahrungen bleibende Persönlichkeitsveränderungen bewirken

- wie unsere Wissenschaftler argumentieren

Die Persönlichkeit verändert sich

Pim van Lommel und sein Forschungsteam kamen Anfang 2002 in ihrer bahnbrechenden Studie zu dem Ergebnis, dass Nahtoderfahrungen zu einer tiefen Veränderung der Lebenseinstellung führen. Seine Untersuchungen, die sich über mehrere Jahre erstreckten, berücksichtigen nämlich auch die Nacheffekte einer Nahtoderfahrung. Es zeigte sich, dass seine Probanden keine Angst mehr vor dem Tod haben. Er bestätigte die große Ähnlichkeit der Inhalte von Nahtoderfahrungen ebenso wie den Transformationsprozess. Die Veränderungen nach einer Nahtoderfahrung dauern etwa sieben Jahre, bis das Erlebnis wirklich integriert werden kann. Der Unterschied in den Lebenseinstellungen der Betroffenen und der Transformation zeigte sich durch den Vergleich mit Herzanfallpatienten, die keine Nahtoderfahrung aufwiesen.

Die Forscher führten Gespräche direkt nach der Wiederbelebung mit den Betroffenen, dann, zwei Jahre später, ein weiteres. Hier zeigte sich in aller Deutlichkeit, dass die Nahtoderfahrung exakt erinnert wurde und der Glaube an ein Leben nach dem Tod gestiegen war. Die Angst vor dem Tod war verschwunden und je tiefer eine Nahtoderfahrung erlebt wurde, desto positiver waren die Erfahrenden dem Sinn des Lebens gegenüber eingestellt. Viele waren spiritueller geworden und auch sozialer eingestellt. Sie versuchten, die anderen mehr anzunehmen und mehr Liebe zu zeigen. Diese Daten wurden mit anderen Herzschlagpatienten ohne NTE der Kontrollgruppen verglichen. Zwar ließ sich auch hier eine Abnahme der Angst vor dem Tod feststellen, allerdings alles andere nicht.

Dann wurde ein weiteres Interview acht Jahre nach dem Herzstillstand mit denselben Patienten durchgeführt. Wiederum wurde die NTE genau erinnert, und nun zeigte sich, dass nach acht Jahren eine positive Veränderung in der Persönlichkeit der Menschen mit Nahtoderfahrung stattgefunden hatte. Sie waren selbstsicher, sozial und spirituell.

Sie haben einen langen Wachstumsprozess durchlaufen und viele weisen eine erheblich gesteigerte Fähigkeit zu intuitiven Wahrnehmungen auf. Sie haben Vertrauen ins Leben und in die Zukunft. Die Meinungen anderer interessiert weniger, materieller Besitz ist ihnen nicht so wichtig. Das Interesse an traditionellen Religionen und Kirchen schwindet. Stattdessen wird Spiritualität wichtig, das Interesse am Leben nach dem Tod steigert sich und die Angst vor dem Tod ist fast vollständig verschwunden.

In einem Interview wies van Lommel noch einmal explizit auf den Umstand hin, dass eine Nahtoderfahrung schwer zu verarbeiten ist. »Ich würde sagen, dass sich an die 80 Prozent scheiden lassen. So eine Erfahrung löst ein soziales Problem aus; es dauert Jahre, bis sie verarbeitet werden kann, weil unsere Gesellschaft nicht zulässt, darüber mit dem Lebenspartner oder etwa den Krankenschwestern zu reden.«[43]

Diese Langzeitauswirkungen und Persönlichkeitsveränderungen von Menschen mit Nahtoderfahrung untersuchte der amerikanische Kinderarzt Dr. Melvin Morse in einer großangelegten Transformationsstudie, die 1994 in Deutschland unter dem Titel »Verwandelt vom Licht« erschien. Dr. Morse bietet den Kontakt zu seinen Klienten und beschreibt nun in einem neuen Buch, wie diese sich weiterentwickelten »Where God lives« (Cliff Street Book, 2001).

Aus den Kindern sind Erwachsene geworden, die sich alljährlich bei ihm zu einem gemeinsamen Picknick einfinden. Es zeigt sich heute, dass Kinder mit Nahtoderfahrung eine Reihe von ungewöhnlichen Fähigkeiten wie Telepathie, In-die-Zukunft-sehen-Können, die Einheit mit dem Universum und Ähnliches erleben. Durch ihre Nahtoderfahrung verfügen sie über neue Einsichten und Fähigkeiten, die ihr Leben grundlegend verändert haben. Das Potenzial der inneren Wandlung wird sichtbar.

Katie war der erste Fall, durch den Melvin Morse mit Nahtoderfahrungen von Kindern konfrontiert wurde und die ihn dazu brachte, NTEs von Kindern grundlegend zu erforschen. Sie war damals neun Jahre alt und wäre beinahe ertrunken. Man fand sie mit dem Kopf nach unten im Wasser treibend, und niemand wusste, wie lange schon. Sie wurde bewusstlos in den Notfallraum des Krankenhauses gebracht, wo man sie wiederbelebte. Genau daran konnte sie sich später erinnern. Zur Verblüffung von Dr. Morse erkannte sie ihn beim ersten Gespräch nach der Reanimation ›wieder‹. »Das ist der mit dem Bart! Zuerst war da dieser große Arzt der, ohne Bart, und dann kam er herein.« Ihre Aussage war richtig! »Zuerst war ich in dem großen Zimmer und dann brachten sie mich in ein kleineres, wo sie Röntgenaufnahmen machten.« Präzise erwähnte Katie auch solche Details wie: »Ein Schlauch hing von meiner Nase herunter.« Sie lag aber die ganze über mit geschlossenen Augen in tiefem Koma und sah, was vorging. Später schilderte Katie Dr. Morse ihre eigentliche Nahtoderfahrung. An das eigentliche Gefühl des Ertrinkens erinnerte sie sich überhaupt nicht. Ihre erste Erinnerung war, von Finsternis umgeben zu sein und sich schwer zu fühlen. Dann öffnete sich ein Tunnel und sie traf Elisabeth, die Katie im Tunnel hinaufbegleitete. Sie sah auch ihren verstorbenen Großvater. Während ihrer Reise befand sie sich plötzlich zu Hause. Katie sah ihre Geschwister in deren Zimmern spielen und beobachtete ihre Mutter bei der Zubereitung des Essens. Später erzählte das Kind seinen geschockten Eltern die genauen Einzelbeschreibungen – alles stimmte! Von Elisabeth, ihrem Schutzengel, wurde sie zu Gott gebracht, der sie fragte, ob sie bei ihm bleiben wolle. Als er sie ebenfalls fragte, ob sie ihre Mutter wiedersehen wolle, antwortete sie mit ›Ja‹ und erwachte.[44]

Heute ist Katie zu einer bemerkenswerten jungen Frau herangewachsen, die sich noch 15 Jahre später an jedes kleinste Detail ihrer Erfahrung erinnern kann. »Diese Bilder sind für immer in mir«, sagt sie. »Mein Leben ist dadurch reicher geworden, und ich arbeite jeden Tag daran, dieses Wissen mit meiner Familie und meinen Freunden zu teilen. Es gibt so viel zu tun im Leben, und ich möchte keine Zeit verschwenden.«[45]

Die Tatsache der bleibenden Nachwirkung

Die Studien über die Persönlichkeitsveränderungen mit NTE zeigen in Bezug auf Glauben, Verhalten, den Werten und der Weltsicht verblüffende Übereinstimmungen. Sie belegen unabhängig von der Subjektivität des Todesnäheerlebnisses, dass diese in den Wirkungen *real* sind. Wie die aktuelle holländische Lommel-Studie zeigt, haben Nahtoderfahrungen in der Folgewirkung einen bleibenden Charakter und sind authentisch. Wären Halluzinationen die Auslöser oder wären sie rein psychologische Phänomene, dann könnten keine so einschneidenden Persönlichkeitsveränderungen erfolgen. Jede seriöse Psychotherapie würde vermutlich Jahrzehnte erfordern, um an einen solch entscheidenden Punkt zu gelangen, wo sich eine Person für immer grundlegend verändert. Von einer menschlichen Zeitspanne aus gesehen dauert das Erleben nicht länger als Sekundenbruchteile und maximal fünf Minuten. Dennoch ist die Nahtoderfahrung für Millionen von Menschen auf der ganzen Welt ein entscheidender Wendepunkt in ihrem Leben. Sie beginnen eine spirituelle Reise, es erfolgt ein Wertewandel und viele sind danach wesentlich warmherziger und liebevoller im Umgang mit anderen Menschen.

Robert, der früher ein erfolgreicher Anwalt war, wurde Opfer eines Raubüberfalls und hatte eine NTE. Danach stellte er erhebliche Veränderungen in seinen Sichtweisen fest: »Ich hatte kein Interesse am Wettbewerb mehr und fühlte, wie ich mich für die Probleme anderer öffnete ... Alles, was mit Prestige und Status zu tun hatte, wurde mir immer weniger wichtig ... Meine Voreingenommenheit anderen gegenüber hat sich sehr verringert. Heute lebe ich mit der Überzeugung, dass jeder Mensch in jedem Augenblick das ihm Bestmögliche gibt ... Ich glaube, ich wurde weiser; für mehr Weisheit würde ich am liebsten meine ganze formale Ausbildung hergeben.«[46]

Mia, die mit 24 Jahren eine NTE hatte, sagt: »Die stärkste Wirkung der Nahtoderfahrung auf mein Leben ist, dass ich seither nicht mehr Angst vor dem Sterben habe. Es ist ein befreiendes Gefühl, wenn man seine Angst vor dem Tod verliert ... Vor meiner NTE war ich viel intoleranter und ungeduldiger als heute. Ich dachte, ich wüsste, wie man sein Leben zu führen habe. Ich dachte, wer sich im Leben mit großen Problemen konfrontiert sehe, der sei selbst schuld, das seien die Konsequenzen von Faulheit und Dummheit. Heute versuche ich, Menschen nicht aufgrund des ersten Eindrucks zu beurteilen ... ich bin toleranter geworden.«[47]

Durch eine NTE werden bisherige Vorstellungen radikal infrage gestellt, Selbstüberschätzung oder Angst werden als mangelndes Vertrauen ins Leben entlarvt. Jetzt aber fühlt sich ein

Mensch nicht länger bedroht, weil der Blick ins eigene Innere gewagt wird. Dadurch verändert sich die gesamte Lebenserfahrung.

Sich selbst finden

Der Prozess der Selbstfindung dauert etwa sieben Jahre. Danach kann eine Nahtoderfahrung wirklich ins Leben integriert werden. Da häufig alles infrage gestellt wird, was dem Betroffenen vorher wichtig war, kommt es zu einer gewissen Orientierungslosigkeit. Die Menschen brauchen Zeit, um ihr Leben neu gestalten zu können. Die Widerstände seitens der Angehörigen sind hoch, welche sich gar nicht oder nur ungern mit den geistigen Erfahrungen des Betroffenen auseinander setzen wollen. Die sich einstellenden Veränderungen gelten als nicht wünschenswert. Wenn sich jemand in einer Partnerschaft verändert und der andere diesen Prozess nicht nachvollzieht, führt dies automatisch zu einer Entfremdung oder gar Trennung. Insofern kommt es zu einem sehr tief greifenden und schmerzhaften Prozess der Umorientierung, einhergehend mit Depressionen und jahrelanger spiritueller Suche. Manche fühlen sich auf Erden nicht länger beheimatet. Sie sind traurig über den Verlust der Allwissenheit, der Verbundenheit mit allen Dingen und der Liebe. Insbesondere erleben Menschen mit mehreren Nahtoderfahrungen langwierige Selbstfindungsprozesse.

Da sich die verschiedenen Erfahrungen vermischen, werden nur begrenzte Fragmente erinnert. Das Unbestimmte wird schmerzhaft und bedrückend. Gerade wenn ein Anschluss an alles Wissen erfolgte und darüber hinaus Zukunftsvisionen erlebt wurden, ist es schwer, die verschiedenen Erinnerungen

auseinander zu halten. Auch die Erkenntnis der Verantwortung für das eigene Leben im Hier und Jetzt kann manche Menschen bedrücken.
In letzter Konsequenz ist jede Nahtoderfahrung heilsam und verändert einen Menschen für immer. Die Angst vor dem Tod verliert sich, der tiefere Sinn in allen Dingen, wie sie geschehen, wird erkannt, und sie *wissen, dass es Gott gibt.* Häufig sind auch paranormale Erfahrungen.
Hier nun die Aussage einer Frau, die mehrere Nahtoderfahrungen gemacht hat: »Als Erstes verschwand der Atheismus. Ich wusste, es gibt ein Leben nach dem Tod und eine spirituelle Dimension, die wir alle durchlaufen. Liebe und Mitgefühl nahmen beträchtlich zu. Übersinnliche Fähigkeiten wie außerkörperliche Erfahrungen, wie Präkognition, Hellsehen usw. stellten sich ein. Ich fühle mit allen Lebewesen und Dingen, und bin mir der Verbundenheit und Einheit von allem bewusst.«[48]

Veränderungen

Die wichtigsten Veränderungen nach einem Todesnäheerlebnis sollen nun kurz zusammengefasst werden. Grundsätzlich wird eine *deutlich gesteigerte Wertschätzung* des alltäglichen Lebens erfahren. Das Gefühl für die Wunder des Lebens nimmt zu, und auch die Dankbarkeit für alles, was einem im Leben widerfährt. Diese Menschen entwickeln ein *größeres Selbstwertgefühl* und *können sich selbst besser annehmen.* Selbstvertrauen tritt an die Stelle von Unsicherheit. Die Betroffenen nehmen sich selbst nicht mehr aus den Augen der Anderen wahr.
Durch vermehrte und mitfühlende Sorge um Andere wird Liebe

für die Mitmenschen zum Ausdruck gebracht, da das Verlangen sehr groß ist, die Lektionen des Lichtes weiterzugeben. *Die Ehrfurcht vor dem Leben* an sich steigert sich; die Achtung vor Tieren und der Natur sowie eine erhöhte Sensibilität für das ökologische Gleichgewicht des Planeten stellt sich ein.
Besonders auffällig ist, dass *sich jegliches materielle Streben verändert* und als sinnlos und leer empfunden wird. Eine wichtige, einflussreiche, machtvolle Persönlichkeit sein zu wollen ist nicht länger von Bedeutung. Das Wettbewerbsdenken um Erfolg im Leben nimmt ab, da mehr *Selbstlosigkeit* und *Achtung vor dem Anderen* als Lebenszweck erkannt wird. Viele Nahtoderfahrene machen die Aussage, dass sie *spiritueller* geworden sind.
Sie sind von einem enormen Wissensdurst erfüllt, was zu jahrelanger Suche nach geistiger Erkenntnis führen kann. Sie erkennen die Bedeutung und *den tieferen Sinn jedes einzelnen Lebens.* Die Suche nach der eigenen Lebensaufgabe, um diese erfüllen zu können, wird zu einem bestimmenden Moment. Der Augenblick des Todes wird als befreiender Übergang in eine andere Form des Seins begriffen, wodurch die *Angst vor dem Tod überwunden wird.* Es kommt zu der Überzeugung, dass sie nach dem physischen Tod weiterleben und dass GOTT *wirklich existiert!*
Einer der wichtigsten Nacheffekte einer NTE ist die *Freisetzung des* sonst eher verborgenen *Potenzials* für *höheres Bewusstsein.* Viele werden später von Informationen außerhalb ihres eigenen Selbst überflutet und erleben *erweiterte Bewusstseinszustände.* Daneben wird die Entwicklung übersinnlicher Fähigkeiten beschleunigt. In der Nachfolge einer Nahtoderfahrung kommt es zu einer bemerkenswerten Zunahme *paranormaler Phänomene* wie Telepathie, Hellsehen, Wahrträume und Präkognition. Auch *Außerkörperlichkeit* wird erlebt oder

die Wahrnehmung von Energiefeldern anderer Menschen. Die auftretenden paranormalen Fähigkeiten sind für viele Erlebende mit großen Schwierigkeiten verbunden. Solche Fähigkeiten in sein eigenes Alltagsleben integrieren zu können erfordert nicht nur Verständnis von Seiten der Angehörigen, sondern auch eine starke Persönlichkeit, die in sich selbst ruht und eben nicht von Ängsten wegen des eigenen Erlebens getrieben wird.
Wenn Sie sich beispielsweise vorstellen, dass Sie einen Wahrtraum haben, in dem Sie erfahren, dass Ihre Nachbarin in drei Wochen stirbt, wird es Sie zunächst vielleicht etwas verwirren. Wenn sich aber das geschaute Ereignis tatsächlich drei Wochen später ereignet und die Nachbarin stirbt, wird es Sie verstören. Das aber ist genau der Prozess, den manche Menschen mit Nahtoderfahrung häufiger durchlaufen. Es ist natürlich dabei von außerordentlicher Wichtigkeit, diese Erlebnisse im Zusammenhang zu verstehen: Nahtoderfahrungen sind ein Wendepunkt des Lebens!

Nahtoderfahrungen und Wissenschaft

Die neue holländische Studie des Kardiologen Pim van Lommel stellt die bisherige wissenschaftliche Sichtweise, dass Bewusstsein und Erinnerungen im Gehirn angesiedelt sind, in Abrede. Die empirische Tatsache des Vorhandenseins von Nahtoderfahrungen als universales Phänomen auf der ganzen Welt verdeutlicht uns, dass unsere Wissenschaft keine Antwort auf die Frage weiß, was denn Bewusstsein eigentlich ist. Während des klinischen Todes werden klare und deutliche Wahrnehmungen außerhalb des Körpers erlebt zu einer Zeit, wo das Gehirn nicht länger funktioniert.

Der Patient liegt zu dieser Zeit bewusstlos an einer Unfallstelle oder im Operationssaal und ist bewegungsunfähig. Wenn überhaupt das sterbende Gehirn noch Wahrnehmungen hätte, könnten sich diese nur unmittelbar auf das Umfeld des Betroffenen beziehen. Wie gezeigt wurde, gehen die Wahrnehmungen von klinisch Toten aber erheblich über dieses kleine Umfeld hinaus. Es gibt verifizierbare Angaben über Dinge und Personen, die beobachtet wurden, die sich in anderen Räumen aufhielten, Straßen weiter sich befanden oder gar Tausende von Kilometern entfernt. Das bedeutet, dass ein Bewusstsein mit einer eigenen Ich-Identität, mit Wahrnehmungen und Gefühlen, unabhängig vom bewusstlosen Körper existiert! Bewusstsein wird nun in einer anderen Dimension erfahren ohne zeitliche und räumliche Beschränkung.
Wenn Bewusstsein als quantenmechanisches Feld ohne Raum-Zeit-Begrenzung definiert wird, existieren elektromagnetische Felder, in denen sämtliches Wissen aller Zeiten präsent ist. Das zeigt sich in aller Deutlichkeit bei der Lebensrückschau: Jeder Gedanke unseres Lebens wird bewusst, wobei die Summe unserer Gedanken, Worte und Handlungen ein Energiefeld bildet, das nicht nur uns selbst, sondern auch andere beeinflusst. Darüber hinaus sind wir mit den Erinnerungen, Gefühlen und dem Bewusstsein anderer Menschen direkt verbunden. Das bedeutet, dass keine einzige Regung unseres Lebens jemals verloren geht, da alles Bewusste und Unbewusste in einem Energiefeld in der geistigen Welt gespeichert ist und ständig reflektiert wird. Es wird gleichfalls eine Einheit mit allen Dingen und Lebewesen erlebt, die gleichzeitiger Natur ist. Damit ist der Mensch Teil eines uns stets umgebenden höheren Bewusstseins, in dem Zeit und Raum nicht existieren.
Aus diesen Ausführungen lässt sich zweifelsfrei folgern, dass der Mensch eine Seele hat, die unabhängig von seinem Gehirn

existiert und die den körperlichen Tod überlebt. Die Ergebnisse der neuen Studien aus Holland und England werden unser Weltbild in den nächsten Jahren verändern.
Umso größer ist der Aufschrei in der Presse – nach dem Motto: Was nicht sein soll, kann nicht sein. Was an verdrehten Argumenten und schlichten Falschinformationen in den Medien verbreitet wird, soll über den Fakt hinwegtäuschen, dass es ein Leben nach dem Tod gibt. Wenn jedem einzelnen Menschen die Verantwortung für sein eigenes Leben klar wäre und er wüsste, dass er sich nicht davonstehlen kann, würde sich das Zusammenleben der Menschheit entscheidend wandeln.
Im Berliner »Tagesspiegel« unter der Autorenschaft von Hartmut Wewetzer und Bas Kast liest sich die Diskreditierung der neuen naturwissenschaftlichen Erkenntnisse so: »Wie kann man entscheiden, ob die Person die Todeserfahrung nicht bereits vor dem vermeintlichen Hirnausfall gemacht hat? ... Während hektischer Wiederbelebungsversuche sei es gar nicht möglich, eine grundsätzliche Hirntod-Untersuchung zu machen.« – »So etwas dauert Stunden bis Tage«, sagt Christoph Stein, ein Narkosearzt vom Uniklinikum Benjamin Franklin in Berlin.
»Und sogar wenn man mit einem EEG keine Aktivität mehr misst, heißt das nicht automatisch ›hirntot‹. Natürlich ist die Erregung geringer, aber es können durchaus noch Zellen tief im Hirn aktiv sein und Erlebnisse hervorrufen«, sagt Onur Güntürkün, ein Hirnforscher in Bochum.«[49]
Diese Aussagen verdeutlichen nur die Hilflosigkeit heutiger Mediziner bei der zentralen Frage, wann ein Mensch tot ist. Wenn wir die obigen Ausführungen von noch tief im Gehirn aktiven Zellen auf den Prüfstand bringen, lässt sich die Berechtigung von Organentnahmen infrage stellen. Die realen

Erlebnisse von Menschen mit Nahtoderfahrung sprechen ihre eigene Sprache.

Der Bremer Hirnforscher Gerhard Roth hatte eine eigene NTE. Dennoch glaubt er, dass sich all diese Phänomene streng wissenschaftlich erklären lassen: Den Blick durch den dunklen Tunnel ins Licht führt Roth auf Durchblutungsstörungen im Scheitel- und im Hinterhauptlappen des Gehirns zurück: »Diese Regionen verknüpfen Sehen und Körperempfindungen. Sauerstoffmangel könnte optische Sensationen genauso wie andere merkwürdige Wahrnehmungen und Erinnerungen in Todesnähe erklären - ein letztes Aufbäumen der Hirnzellen unter höchstem Stress. Die Euphorie ist vermutlich auf Endorphine zurückzuführen: körpereigene Opiate, die bei starken Schmerzen ausgeschüttet werden – vielleicht, um das Hirn gegen das Geschehen abzuschirmen und es so weit wie noch möglich handlungsfähig zu erhalten. Man könnte denken, dort drüben wartet etwas auf uns, aber ich glaube nicht, dass das der Fall ist«, sagt Roth.[50]

Nach dem Verständnis des Bremer Hirnforschers ist Sterben ein auf das rein physiologische reduzierter Vorgang: Alle Wahrnehmungen sind auf Durchblutungsstörungen, Endorphine und Sauerstoffmangel zurückzuführen. Der Rest ist optische Täuschung und Fehlwahrnehmung eines sterbenden Gehirns. In seinen Ausführungen sind die beliebtesten Argumente gegen die Nahtoderfahrung zusammengefasst.

Zunächst einmal das ewig strapazierte Argument vom Sauerstoffmangel: Sam Parnia kam in seiner Studie mit 63 Herzschlagpatienten anhand medizinischer Aufzeichnungen zu dem Ergebnis, dass keiner der Patienten niedrige Sauerstoffwerte im Gehirn aufwies. Auch Pim van Lommel kommt zu ähnlichen Erkenntnissen. Der deutsche Psychiater Dr. Michael Schröter-Kuhnhardt stellte schon vor einigen Jahren fest, dass

reiner Sauerstoffmangel völlig andere Erlebnisse bewirkt, als sie in NTEs beschrieben werden.
»Anfangs entwickelt sich ein gesteigertes Wohlbefinden und ein Gefühl der Macht. Dann kommt es jedoch zu einer Abnahme und schließlich zu einem Verlust der Urteilsfähigkeit, endlich zu Wahrnehmungsstörungen wie Illusionen, Halluzinationen und schließlich Bewusstlosigkeit. Auch Konfusion und Angstzustände treten auf.«[51]
Eine Nahtoderfahrung ist hingegen ein absolut geordnet ablaufendes Geschehen mit verifizierbaren Wahrnehmungen innerhalb der physikalischen Welt wie auch mit übersinnlichen Wahrnehmungen. Die These vom Sauerstoffmangel im Gehirn entpuppt sich als Legende der Skeptiker. Wäre das die Erklärung für das Nahtodphänomen, so müsste bei jeder Nahtoderfahrung Sauerstoffmangel beteiligt sein. Alte wie auch aktuelle Forschungsergebnisse belegen eindeutig das Gegenteil. In diesem Zusammenhang wird auch gerne von Halluzinationen gesprochen. Diese weisen von ihrer Definition keinen geordneten Ablauf des Erlebens auf und sind häufig mit erheblichen Angstzuständen verbunden.
Die viel zitierten körpereigenen Drogen Endorphin und Serotonin, die während des Sterbevorgangs in großen Mengen ausgeschüttet werden, erzeugen Glücksgefühle, aber keine bildhaften Vorstellungen oder Halluzinationen. Da Endorphine auch anderen körperlich-psychischen Prozessen zugrunde liegen (Langstreckenlauf, Geschlechtsakt, Kampfverhalten, Gefühle schlechthin), kann man ihnen eine mögliche Beteiligung an NTEs zurechnen, sie aber nicht als Auslöser betrachten! Das Endorphin-Modell wird überdies durch negative NTEs entkräftet, da hier definitiv kein durch Endorphine bewirktes Glücksgefühl empfunden wird. Vieles deutet darauf hin, dass Nahtoderfahrungen eine eigenständige biologische Grundlage

haben und möglicherweise genetisch programmiert sind. In unserem tiefsten Innern wissen wir, wie Sterben geht.
Durch die elektrische Stimulation des rechten Temporallappens des Großhirns können einige Elemente des Nahtodkodes hervorgerufen werden, wie Lebensfilm-Bruchstücke, Zeitveränderungen, Glücksgefühle oder Außerkörperlichkeitserlebnisse. Bei diesen Versuchen trat allerdings niemals ein vollständiges Nahtoderlebnis auf!
In dem hier Besprochenen geht es um den Versuch, das Nahtodphänomen auf hirnphysiologische Aspekte zu reduzieren und zum Beispiel die gravierenden Persönlichkeitsveränderungen völlig außer Acht zu lassen. Den Skeptikern geht es vor allem darum, das reale Erleben von geistigen Dimensionen lächerlich zu machen. So ist es typisch, dass Gerhard Roth in seiner Erklärung auch nur auf seinen »Glauben« zurückgreifen kann, dass es dort drüben nichts gibt.
Der Soziologe Hubert Knoblauch versuchte in seiner Studie »Berichte aus dem Jenseits. Mythos und Realität der Nahtod-Erfahrung« (1999) den Beweis zu erbringen, dass NTEs kein Universalphänomen seien. Da Todesnäheerlebnisse immer auch subjektiver Natur sind, weil sie von der betroffenen Person abhängig sind, glaubte Knoblauch das Standardmodell entkräften zu können, indem die Studie von vornherein auf die Unterschiede abgestellt wurde. Den emsigen Forschern entging dabei, dass selbst in ihren merkwürdigsten Fallbeispielen der Nahtodkode durchscheint. Da sich seine Merkmale selbst in den subjektivsten Erlebnissen objektiv herausschälen lassen, ist das Standardmodell keineswegs infrage gestellt. Zudem verwechselt Knoblauch Phantasiereisen und luzides Träumen mit Nahtoderfahrungen. So war auch der höhnische Triumph der »Zeit«, wonach das Todesnähephänomen ein für alle Mal erledigt sei, verfrüht.[52]

Pim van Lommel kommt in seiner Studie über die möglichen Ursprünge einer NTE zu folgendem Schluss: »Die gegenwärtige Studie zeigt, dass keine psychologischen Gründe eine Rolle spielen wie Depersonalisation und Dissoziation. Auch haben neurophysiologische Faktoren keinen Einfluss auf den Herzstillstand oder irgendwelche Medikamente. Wenn reine physiologische Faktoren einen Einfluss auf das Zustandekommen einer NTE hätten, dann müssten alle Patienten dieser Studie eine Nahtoderfahrung während ihres Herzstillstands gemacht haben.«[53]

In jedem Fall hatten die Patienten mit Nahtoderfahrung, wie in der englischen Studie, ihre Erlebnisse genau dann, als das Gehirn abgeschaltet war und es somit keine bleibenden Erinnerungen formen konnte. Sam Parnia schreibt: »Wenn wir das Gehirn untersuchen, dann sehen wir ganz deutlich, dass sich die Gehirnzellen nicht von anderen unterscheiden. Sie produzieren Proteine und andere biochemische Verbindungen, aber sie können nicht jene subjektiven Gedanken bilden, die man auch als Bewusstsein kennt. Das Gehirn wird als Halterung für den Geist benötigt, ein bisschen wie ein Fernseher, der erst Wellen auffängt und sie dann in Bild und Ton umwandelt, um sie darzustellen. Der rechte Temporallappen des Großhirns wird als Empfänger und Auslöser für spirituelle Erfahrungen beim Menschen angesehen.«[54] Dr. Melvin Morse geht sogar so weit, diesen Ort im Gehirn als den Platz zu bezeichnen, wo Gott wohnt.

Ein anderes Hauptargument der Skeptiker ist Wahrnehmungstäuschung. Gerhard Klos, Oberarzt der Neurologischen Klinik Frankfurt a. M., sieht in den Schilderungen der Betroffenen reine Phantasievorstellungen: »Der Zeitpunkt der Wahrnehmung ist nicht klar feststellbar. Ist der Patient gerade ins Koma gefallen oder gerade am Aufwachen? Der Bewusstlose hat keine Zeitvorstellung ... Das Licht, das die Betroffenen zu sehen glauben, könnte auch das Licht im Krankenhaus während des Aufwachens sein.«[55] Ist diese Bemerkung nur Ignoranz oder Dummheit? Letztlich offenbart sich eine erschreckende Ahnungslosigkeit über das Phänomen »Nahtoderfahrung«.

Andere Psychologen behaupten, dass Menschen mit NTE nur glauben, dass sie sterben. Da sie ja wieder erwachten, könne das Hirn nicht tot gewesen sein. Solche Scheinargumente nehmen niemals Bezug auf die klar strukturierten Wahrnehmungsprozesse bei Todesnäheerlebnissen. Sie ignorieren die Tatsache verifizierbarer außerkörperlicher Erfahrungen ebenso wie die Persönlichkeitsveränderungen und die Tatsache, dass dieses Erleben noch nach Jahrzehnten klar erinnert wird. Die wesentliche Frage, wie es sein kann, dass der menschliche Geist unabhängig vom Körper funktioniert, wird nicht einmal gestellt. Unsere Wissenschaftler werden in den nächsten Jahren noch viele neue Erklärungsansätze erarbeiten müssen.

4. KAPITEL

Tod und Mystik

In diesem Kapitel erfahren Sie

- dass mystische Erfahrungen Ähnlichkeit mit Nahtoderlebnissen haben
- wie Menschen die Verschmelzung mit dem Licht erleben
- wie die Erkenntnisse Heiliger mit heutigen Nahtoderfahrungen übereinstimmen
- wie von Gotteserfahrungen berichtet wird
- dass Bewusstsein sich bis an den Ursprung der Schöpfung erweitern kann

Mystische Erfahrungen

Der Kode der Nahtoderfahrung zeigt auf, dass es bei diesem Erlebnis nicht nur um den Übergang zwischen Leben und Tod geht, sondern dass die Betroffenen eine intensive spirituelle Erfahrung machen. Diese Menschen werden mit einem größeren geistigen Sinnzusammenhang konfrontiert. Manchmal erleben sie sogar eine direkte Verschmelzung mit Gott. Aus diesem Grund kann eine Nahtoderfahrung auch als »Nahgotterfahrung« bezeichnet werden. Die Erfahrung wird zwar religiös erlebt, ist in ihrem Kern jedoch mystischer Natur.
Das »Fremdwörterbuch« des Duden definiert »Mystik« als besondere Form der Religiosität, bei der ein Mensch durch Hingabe und Versenkung zu persönlicher Vereinigung mit Gott zu gelangen sucht. Mystik ist demnach keine Religion, sondern das spontane Erleben einer erweiterten Wirklichkeit jenseits der begrenzten Horizonte unseres materiellen Alltags. Mystische Erfahrungen können von jedem Menschen gemacht werden, unabhängig von Religionszugehörigkeit, Überzeugungen und Dogmen. Mystik ist in ihrem Kern ein erweiterter Bewusstseinszustand, ähnlich wie sich bei einer Nahtoderfahrung das Bewusstsein so stark erweitern kann, dass ein Erlebender die Einheit aller Dinge erfährt.
Der Mystiker schaut eine Wirklichkeit, die in ihrer Glückseligkeit alles übersteigt, was durch den Verstand vorstellbar ist. Die Fragen »Wer bin ich?« und »Was ist der Sinn meines Lebens?«, beantworten sich angesichts der bedingungslosen Liebe und Einheit, die erfahren wird. Alle Widersprüche des

Lebens lösen sich auf, und die Wahrheit, dass Gott *ist*, wird zu einem allumfassenden Wissen.
Die Mystiker bezeugen uns persönlich, dass spirituelle Erfahrung, nach der es jeden von uns verlangt, durch direktes Erleben möglich ist. Jenseits des Erstaunlichen wird die allumfassende Liebe und ein kosmisches Verwobensein mit allen Dingen erfahren.

Das Licht

Die gemeinsame Quelle dieser Erfahrungen ist das Licht, das geschaut wird. Der persische Mystiker Rumi sagt: »Es gibt viele Lampen, aber nur ein Licht!« Der zeitgenössische hinduistische Weise Sai Baba lehrt: »Alle Religionen sind Fakten der *einen Wahrheit.«* Alle Religionen sprechen von einem Aspekt Gottes und behaupten dann, dieser Anspruch sei vollständig und umfassend. Die Annahme, dass Gott nur auf *einen* Namen antwortet und nur in *einer* bestimmten Weise angebetet werden kann, ist ein Sakrileg.[56]
Dass das Licht für jeden unabhängig von seiner jeweiligen Kultur und Religion der *Eine Gott*, die Urkraft hinter allem Sein, die Liebe ist, wird auch in Nahtoderfahrungen beschrieben. Mellen Thomas Benedict berichtet: »... ich unterhielt mich mit dem Licht. Es nahm dabei ständig eine andere Gestalt an, die von Jesus, Buddha, Krishna, von Mandalas, archetypischen Bildern und Zeichen. Ich fragte das Licht: ›Was geht hier vor?‹ Das Licht antwortete: ›... dass der jeweilige Glaube die Art von Feedback bestimmt, die man von dem Licht bekommt. Wenn man buddhistisch, katholisch oder fundamentalistisch orientiert war, bekommt man seine eigenen Sachen zurückgespiegelt ...‹«[57]

Tod und mystische Erfahrung

Die Frage stellt sich, inwieweit die mystische Erfahrung mit dem Tod identisch ist. Schon der antike griechische Schriftsteller Themistios schrieb: »Die Seele macht zum Zeitpunkt des Todes dieselbe Erfahrung wie jene, die in die großen Mysterien eingeweiht werden. Zuerst wandert und eilt man müde hin und her und reist voll Argwohn durch die Dunkelheit wie ein Uneingeweihter; dann tauchen alle Schrecken von der letzten Einweihung auf: Schaudern, Schwitzen, Zittern, Verwunderung; dann wird man von einem wundersamen Licht erfasst und in reinen Gefilden und Wiesen empfangen, voll Stimmen und Tänzen und der Majestät heiliger Klänge und Formen. Hier streift, wer die Einweihung vollbracht hat, frei umher; erlöst trägt er seine Krone, nimmt an der göttlichen Gemeinschaft teil und verkehrt mit reinen, heiligen Menschen. Dabei betrachtet er jene, die hienieden uneingeweiht leben, als unreine Schar, auf die sein Fuß tritt und die sich im Schmutz und im Nebel zusammenkauern, sich an ihr Elend klammernd ob der Angst vor dem Tod und dem Misstrauen gegenüber den Segnungen jener Orte.«[58]

Ob wir von schamanischen Jenseitsreisen ausgehen, mystischem Erleben oder Nahtoderfahrungen: Alle Elemente, die Themistios in seinem Text beschreibt, sind die stets wiederkehrenden Grundmotive des Menschseins schlechthin.

Hier ist die Rede von der Grundangst vor einem veränderten Bewusstseinszustand, vor Unsicherheit, vor der Dunkelheit des Tunnels, die auch als Leere beschrieben wird. In jedem erweiterten Bewusstseinszustand ist aber das Urvertrauen des Menschen gefordert. Dann erst kann er sich ins Licht fallen lassen.

Die christlichen Mystiker nannten diesen Transformationspro-

zess die »dunkle Nacht der Seele«, die durchschritten werden muss, um die Seligkeit Gottes zu erreichen.
Jeder Mensch kann Gott erfahren. Er wird dann Teil der grenzenlosen Ausdehnung des Göttlichen, das sich überall befindet und in jedem Menschen wohnt. Der Verstandesmensch erkennt diesen Zusammenhang aber nicht in seinem Alltag. Jeder Mystiker strebt danach, sich mit dem reinen weißen Licht des Göttlichen zu verschmelzen, sich völlig darin aufzulösen, und bleibt sich dabei doch seines Selbst bewusst.
So beschreiben das Millionen von heutigen Menschen mit Nahtoderfahrungen! Der Tod ist unzweifelhaft eine mystische Erfahrung, die wir in jedem Fall alle dabei erleben werden. Der Unterschied besteht lediglich in dem Fakt, dass bei unserem Tod keine Rückkehr in den Körper mehr möglich ist – im Gegensatz zu spirituellen Erfahrungen oder Nahtoderfahrungen.
Es geht beim Tod wie auch bei mystischen Erlebnissen um die Bereitschaft, vom materiellen Denken loszulassen und sich in die direkte Erfahrung hineinzubegeben, um sich als Teil der Unendlichkeit bewusst zu werden. Ein Hemmschuh ist dabei die Angst vor dem Unbekannten.
Negative NTEs ereignen sich im Übergang des Tunnels. Viele fürchten, die Kontrolle über sich zu verlieren. Sie können ihr Erlebnis nicht akzeptieren und setzen dadurch starke negative Emotionen frei. Da wir stets mit der eigenen Innenwelt konfrontiert sind, sind es auch unsere Ängste, die uns abhalten können, uns zu weit in die Erfahrung des Lichtes fallen zu lassen. Die Sterbeforschung zeigt deutlich, dass, sobald die Ängste losgelassen werden, die Reise weitergeht und sich ein positives Erleben einstellt. Die Grenze für alles Negative wird im Tunnel überschritten, da sich unser Bewusstsein hier verändert und ausdehnt. Auf einer sehr tiefgründigen Ebene sind Nahtoderfahrungen und mystische Erlebnisse dasselbe.

Heilige und Nahtoderfahrung

Teresa von Avila, eine der größten Heiligen der katholischen Kirche, wurde häufig von ekstatischen Zuständen ergriffen. Was sie hier beschreibt, ist identisch mit einer Nahtoderfahrung: »Es schien mir, ich sei in den Himmel entrückt; und die ersten Personen, die ich da erblickte, waren mein Vater und meine Mutter.« Auch Teresa vergleicht ihre Erfahrungen mit dem Tod. Sie spricht häufig von dem Moment, »... da sich die Seele in einem Augenblick aus ihrem Gefängnis befreit und in Ruhe versetzt sieht ... und die Offenbarung so erhabener Dinge, die die Seele bei solchen Verzückungen schaut, scheint mir eine große Ähnlichkeit mit dem Scheiden der Seele aus dem Leib zu haben ... Die Seele nimmt wahr«, vertraut sie uns an, »dass sie mit Gott vereint ist; und davon bleibt ihr eine solche Gewissheit, dass sie von diesem Glauben durchaus nicht lassen kann ... Ich wusste nämlich nicht, dass Gott in allen Dingen ist, und es schien mir unmöglich, dass er mir so innig gegenwärtig sei, wie es mir vorkam.«[59]

Die authentische Stimme der Mystik lässt traditionelle Vorstellungen hinter sich und transzendiert Zeit und Raum. Das gleiche Zeugnis der ewigen Wahrheit des Lichtes überbringen uns Nahtoderfahrungen. Eine Frau, deren Hirntätigkeit während einer Hirnoperation ausgesetzt hatte, schreibt: »Es (das Licht) war innen und drumherum und ging überall hindurch. Es war das Licht, aus dem Heiligenscheine gemacht sind. Es ist der sichtbar gemachte Gott: innen, drumherum, überall.«[60] Genau wie Teresa von Avila fühlt sich die Patientin eins mit Gott.

Das Licht, welches die Betreffenden erfahren, umschließt die ganze Schöpfung. Das Licht ist gleichzeitig allwissend und allumfassende Liebe, das die Gedanken, die Wünsche, den

Verstand und den Willen des Visionärs umfasst. Solche Kernerfahrungen gehen über kulturelle und historische Grenzen hinaus. Das Licht ist Weisheit und Mitgefühl, durchflutet den Geist und erweitert das Bewusstsein dermaßen, dass die Betroffenen glauben, innerhalb eines einzigen Augenblickes alle Geheimnisse des Universums zu verstehen:

»Man wird einfach ganz und gar davon ausgefüllt. Mein Bewusstsein dehnte sich aus, wurde größer und konnte mehr aufnehmen, ich erweiterte mich, und immer mehr kam herein. Es war ein solcher Segen, ein solches Entzücken! Und dann, zunehmend, hatte ich die Spur von einem Wissen, schließlich wusste ich etwas, nämlich, dass ich unsterblich war, unzerstörbar. Ich kann nicht verletzt werden. Ich kann nicht verloren gehen. Wir brauchen uns nicht zu sorgen ... und dass die Welt vollkommen ist, alles, was passiert, es ist Teil eines vollkommenen Plans. Ich verstehe diesen Teil heute nicht mehr, doch ich weiß, dass er wahr ist.«[61]

Die Erfahrungen von Carl Gustav Jung

Der bekannte Psychoanalytiker Carl Gustav Jung betonte in seinem Lebenswerk ebenfalls eine enge Beziehung zwischen Mystik und der Todeserfahrung. In seinem Buch »Aion« spricht er von einem gleichartigen Vorgang: » ... beim Tod des Lebewesens ... und ebenso beim figürlichen Tode als mystisches Erlebnis«. Zu Beginn des Jahres 1944 brach sich Jung den Fuß und es folgte ein Herzinfarkt. Er hatte während der sich über Monate erstreckenden Krankheit mehrere Visionen. An einer Stelle seines Berichtes über diese Schauungen schreibt er:

»Gegen Abend schlief ich ein, und mein Schlaf dauerte bis

etwa gegen Mitternacht. Dann kam ich zu mir und war vielleicht eine Stunde lang wach, aber in einem ganz veränderten Zustand. Ich befand mich wie in einer Ekstase oder in einem Zustand größter Seligkeit. Ich fühlte mich, als ob ich in einem Raum schwebte, als ob ich im Schoß des Weltalls geborgen wäre – in einer ungeheuren Leere, aber erfüllt von einem höchst möglichem Glücksgefühl. ›Das ist die ewige Seligkeit, das kann man gar nicht beschreiben, es ist viel zu wunderbar‹, dachte ich ...«[62]
Jung erlebt sogar die »Hochzeit des Lammes« in Jerusalem. »Ich bin nicht imstande zu beschreiben, wie es im Einzelnen war. Es waren unbeschreibbare Seligkeitszustände. Engel waren dabei und Licht. Ich selber war die Hochzeit des Lammes.« Die Schönheit und Intensität seines Gefühls während der Visionen ist für Carl Gustav Jung nicht beschreibbar. Er gewinnt den Eindruck, »... dass das Leben ein Existenzausschnitt sei, welcher sich in einem hierfür bereitgestellten dreidimensionalen Weltsystem abspielt«.
Was innerhalb der Zeit geschieht, ist dort zu einer objektiven Ganzheit zusammengefasst. »Ich hätte nie gedacht, dass man so etwas erleben könnte, dass eine immerwährende Glückseligkeit überhaupt möglich sei. Die Visionen und Erlebnisse waren vollkommen real; nichts war anempfunden, alles war von letzter Objektivität.«
Die eigentlich fruchtbare Phase seiner Arbeit begann nach seiner Krankheit und seinen Visionen. Jungs Hauptwerke entstanden erst danach, da die Erkenntnis und Anschauung vom Ende aller Dinge ihm den Mut gab, sich seinen eigenen Intuitionen anzuvertrauen. Mystik und Todeserfahrung begegnen sich im Dasein als Mensch, welches die einzigartige Chance bietet, das ewige Heil zu erreichen, das Eingehen der Seele ins Paradies.

Gotteserfahrungen

Die Vorstellung von Gott entzieht sich unserem Verstandesdenken. Thomas Sawyer, ein ehemaliger Profiradrennfahrer aus New York berichtet: »Mein Herz hörte auf zu schlagen ... diese Leere nahm die Form eines Tunnels an, und dann sah ich vor mir ein gleißendes Licht. Es ist das Licht aller Lichter. Es ist, einfach gesprochen, die Essenz Gottes. Diese Essenz Gottes beinhaltet totales Wissen, Allwissen und unbedingte Liebe; und ich durfte ihr begegnen. Ich fragte mich, was mir geschehen wird, und da habe ich gespürt, dass jede Frage sofort von Gott beantwortet wird. Ich erlebte das totale Wissen. Eine Chronologie der Ereignisse gab es dabei nicht, weil die überstrahlende telepathische Kommunikation unmittelbar stattfindet. Alles ist Gegenwart, es vergeht keine Zeit.«[63]

Diese Einheit mit Gott, die auch als Erleuchtung bezeichnet werden kann, ist Ziel, Sinn und Zweck unseres Lebens. Der Mensch wird von jenem Licht durchflutet und dadurch in Gott hineingezogen. Nachdem er alles Irdische hinter sich gelassen hat, wird er eins mit GOTT. Dieser Bewusstseinszustand wird »Unio mystica« benannt.

Meister Eckhart drückte das so aus: »Wenn dich der Vater in dieses selbe Licht hineinnimmt, ... so gibt er dir die Macht, mit ihm selbst dich selbst und alle Dinge zu gebären ... So denn gebierst du mit dem Vater ohne Unterlass in des Vaters Kraft dich selbst und alle Dinge in einem gegenwärtigen Nun. *In diesem Lichte,* wie ich gesagt habe, erkennt der Vater *keinen Unterschied zwischen dir und ihm ...* Denn der Vater und du selbst und alle Dinge und dasselbe Wort (= Christus) sind eins in dem Lichte.«[64]

Hinduistische und buddhistische Weise bezeichnen diese Einheitserfahrung als die Leere. Genau dieser tiefste Grund von

Gotteserkenntnis findet sich auch in den heutigen Nahtoderfahrungen: Gott wird als Urquell allen Seins erlebt. In seiner reinen Essenz ist ER als Energieform zu verstehen, aus der sich die Universen zusammensetzen und alles mit allem in Interaktion steht. Da wir Teil dieses ewigen Bewusstseins sind, hatten wir schon ein Bewusstsein noch vor unserer Erschaffung. Im letzten Einssein mit Gott beantworten sich sämtliche Lebensfragen.

Mellen Benedict Thomas drückte dieses Erleben bei einer NTE folgendermaßen aus: » Und als ich dieses Licht traf, war es, als würde ich mich auflösen. Und in diesem Augenblick verstand ich, dass ich zum Urknall kam. Das war das erste Licht überhaupt, und ich flog *durch* den Urknall. Das war es, was passierte! Ich flog durch diese Membrane in dieses – was man im Altertum ›Leere‹ nannte, glaube ich. Plötzlich war ich in dieser Leere, und ich war mir aller Dinge bewusst, die jemals erschaffen worden waren. Es war, wie wenn ich durch GOTTES Augen schaute. Ich war GOTT geworden. Plötzlich war ich nicht mehr ich selbst. Das Einzige, was ich sagen kann, ist, dass ich mit GOTTES Augen schaute. Und plötzlich wusste ich, warum jedes Atom war, und ich konnte alles sehen. Und ich blieb in diesem Raum, ich weiß nicht, wie lange. Und ich weiß, dass dort etwas sehr Tiefgehendes geschah. Und dann lief die ganze Erfahrung rückwärts ab.«[65]

Die eigentliche Botschaft, die uns die Mystiker und Todeserlebenden mit ihren Visionen über die Zeiten hinweg vermitteln, ist, dass alle Dinge in einem lebendigen kosmischen Netz von Einheit miteinander verbunden sind. Insofern sind wir als menschliche Wesen ein unteilbares Ganzes und nie getrennt von Gott, da wir Teil seiner Manifestation sind. Mystiker wie Nahtoderfahrene berichten von einer Bewusstseinserweiterung, die bis an den Ursprung der Schöpfung reicht. Die tröstliche Botschaft für jeden von uns ist die Existenz eines Ortes totaler Erkenntnis, wo im Zentrum des Lichtes jede Lebensfrage beantwortet wird. Das menschliche Warum und Wieso endet in der Begegnung mit dem leibhaftigen GOTT, der Urkraft hinter allem Sein!

Der Vergleich von Nahtoderfahrungen mit mystischen Berichten aller Zeiten zeigt auf, dass dem Sterben ein universales Muster zugrunde liegt und dabei das Lichterlebnis von zentraler Bedeutung ist. Das zeigt sich auch in den Überlieferungen der heiligen Schriften und der Totenbücher aller Völker.

5. KAPITEL

Der Tod in den monotheistischen Religionen

In diesem Kapitel erfahren Sie

• wie existenziell in allen Religionen die Todeserfahrung ist

• dass Gott Ursache aller Dinge ist

• wie ähnlich die Vorstellungen über ein Leben nach dem Tod im Judentum, im Christentum und im Islam sind

• was dieses Wissen für die heutige politische Weltlage bedeutet

• was der Attentäter von New York nach seinem Tod erlebt

Die monotheistischen Religionen und der Tod

Der Tod ist eine der ganz wenigen universalen Erfahrungen der menschlichen Existenz. Er ist mit absoluter Gewissheit als unausweichliches Ereignis in jedem menschlichen Leben zu erwarten. In den unterschiedlichen Weltkulturen wird der Sterblichkeit des Menschen ein symbolischer Sinn gegeben. Dieses äußert sich in den verschiedenen Religionen, den Werten und Ritualen. In der Literatur, der Kunst und den Begräbnisritualen kommen Hoffnung und Angst der jeweiligen Kultur zum Ausdruck.

Der Tod ist eine Erfahrung, die von allen Menschen in der gesamten Geschichte geteilt wird, überall auf der Welt. Dieses existenzielle Erleben teilt der Mensch mit anderen Spezies wie mit allen anderen Formen des Lebens: werden und vergehen. Dabei ist der Mensch das einzige Lebewesen, das über seinen Tod vor dem Eintreffen nachdenken kann.

»Eschatologie« ist ein theologischer Begriff und meint in den verschiedenen Religionen die Lehre von den letzten Dingen. Dazu gehören Stichworte wie Sterben, Tod, Unsterblichkeit, Auferstehung, Jenseits und Jüngstes Gericht. Alle großen monotheistischen Religionen, die sich auf einen einzigen Gott beziehen als Ursache aller Dinge, haben in ihren heiligen Schriften die Vorstellungen eines Lebens nach dem Tod verankert.

Die großen monotheistischen Weltreligionen sind das Judentum, der Islam und das Christentum. Diese Religionen unterscheiden sich grundsätzlich von allen anderen Kulturen: die

Bezugnahme auf den *einen* Gott verändert das Verhältnis des Menschen zum Göttlichen in absoluter Weise. *Ein* Gott befindet sich in keinem Konkurrenzverhältnis, noch weist er wie bei den Göttern der griechisch-römischen Kultur menschliche Eigenschaften auf. Gott ist Schöpfer der Welt und der Menschen und gleichzeitig ihr Erlöser.
Im Hinduismus und Buddhismus ist der Lauf der Welt durch ein ewiges Weltgesetz bestimmt, dem selbst die Götter unterliegen. Alles Leben und Sein vollzieht sich in wiederkehrenden Kreisläufen von Werden und Vergehen. Einen unabhängigen, allmächtigen Gott gibt es nicht und selbst die Geschichte folgt keinem übergeordneten Sinn oder Ziel. Der Einzelne wird durch das Rad der Wiedergeburten bestimmt und die Erlösung aus diesem Kreislauf kann nur aus eigener Kraft erfolgen.
Die Perspektive monotheistischer Religionen ist da völlig anders: Die Welt und ihre Gesetze gelten als das Werk eines allmächtigen, allwissenden und persönlichen Gottes. Dieser befindet sich außerhalb seiner Schöpfung, greift also wenig in den Lauf der Geschichte ein, obwohl er sich dem Menschen in vielfältiger Weise immer wieder offenbart, sich zu erkennen gibt und Heilswege aufzeigt. Die Geschichte hat einen Anfang und ein Ende, das Ziel ist das jenseitige Reich Gottes.

Das Judentum

Im Alten Testament findet sich das religionsgeschichtliche Muster einer unverwechselbaren Hoffnungsbotschaft, deren Träger »Jahwe« ist. Der Gott Israels handelt nach einem Plan, der auf endzeitliches Heil ausgerichtet ist. Dem Volk Israel wird im Modus der Zukunft Verheißung zugesagt. Grundlegend für den Glauben Israels ist das Exodusgeschehen, wodurch die unerträgliche Lage des Volkes in Ägypten durch befreiende Eingriffe Gottes verändert wurde. Insofern werden von den Juden Geschichtserfahrungen als Gotteserfahrungen interpretiert, was vor allem Zukunft bedeutet.

Der Gott des Judentums und des Alten Testaments ist ein Gesetzesgott, wobei der Tod als von Jahwe gesetzte Grenze gilt und ein Bestandteil der Schöpfungsordnung ist. Die Begrenztheit des eigenen Lebens und seine Mühsal ist die Folge früherer Verfehlungen der Stammeseltern Adam und Eva, die durch den Sündenfall aus dem Paradies vertrieben wurden. Der Mensch wurde sterblich und der Zorn Jahwes verkündete: »Im Schweiße deines Angesichts sollst du dein Brot essen, bis du wieder zu Erde werdest. Du bist Erde und sollst zu Erde werden« (1. Mose 3,19).

Schon in den frühen Texten des Alten Testaments findet sich ein Dualismus von gut und böse, wobei explizit zwischen dem »guten Tod« und dem »bösen Tod« unterschieden wird. »Siehe, ich habe dir heute vorgelegt das Leben und das Gute, den Tod und das Böse ... Segen und Fluch. Wähle das Leben« (Deuteronium 30,15-19).

Besonders der plötzliche, verfrühte Tod gilt als Strafe Gottes. Die Lebenstage sollen auf Gott gerichtet sein, um dann mit einem guten Tod, der Gott wohlgefällig ist, das Zeitliche zu segnen. Das höchste Gut des Alten Testaments ist das Leben. Den Menschen stehen nur zwei Alternativen der Wahl und Entscheidung offen: Gehorsam gegenüber dem Wort Gottes, welcher ins Leben führt, oder den Weg des Bösen, der zum Tode führt.

In den Vorstellungen der gesamten Urzeit führen die Toten im Schattenreich der Unterwelt (»Scheol«) ein dumpfes, gespensterhaftes Dasein ohne klares Bewusstsein und ohne je zu einem besseren Leben zu erwachen. Der Mensch wird hier erdrückt vom Schweigen Gottes: Weder spricht dieser zu ihm, noch kann er Gott preisen.

Tugend, Weisheit, Gerechtigkeit und Frömmigkeit bedeuten wahres Leben; Torheit, Bosheit und Sünde führen zu Vernichtung und Tod. Dieser Kontrast zieht sich durch das gesamte Alte Testament. Und doch trifft der Tod Gottlose wie Fromme gleichermaßen. Die trostlose Erwartungshaltung des Scheol war eng mit einer messianischen Erwartung verknüpft, die wenigstens auf eine bessere Zukunft hoffen ließ. Als sich diese aber nicht erfüllte, drängte sich der Gedanke auf, das Schattenreich des Scheol könne nicht das Ende sein. Nun traten die Gedanken der Auferstehung der Toten und der Unsterblichkeit im Judentum auf.

Schon in Genesis 1,27 heißt es: »Gott schuf den Menschen nach seinem Ebenbilde«, woraus sich die Vorstellung an eine unvergängliche göttliche Kraft entnehmen ließ. Der Umwandlungsprozess im Judentum zeigte sich später bei Jesaja: »Ja, deine Toten werden wieder leben, deine Leichname wieder erstehen.« Die Lehre von der Auferstehung der Toten wurde zunächst nur auf das Volk Israel bezogen. Gleichzeitig entstand der Gedanke an ein Strafgericht nach dem Tod: Während die Bösen in die Scheol eingehen, die nun als Ort der Vergeltung aufgefasst wird, führt Gott die Gerechten zum ewigen Leben. In Daniel 12,2-3 heißt es: »Und viele, die unter der Erde schlafen liegen, werden aufwachen, die einen zum ewigen Leben, die anderen zu ewiger Schmach und Schande. Und die da lehren, werden leuchten wie des Himmels Glanz. Und die viele zur Gerechtigkeit weisen, wie die Sterne immer und ewiglich.«

Der Begriff der Unsterblichkeit ist mit der Vorstellung von einem rein geistigen Fortbestand des Menschen verbunden, wobei ein bewusstes Jenseits impliziert ist. Der menschliche

Geist als göttlicher Funke ist als Gottesgabe unsterblich. Ziel der Entwicklung ist das Eingehen der individualisierten Einzelseele in den Gesamtgeist Gottes.
Der Talmud führt den Auferstehungsgedanken weiter: Die Seele verlässt den Körper nach dem Tod, wobei sie in den ersten zwölf Monaten in loser Verbindung mit ihm bleibt, bis der Auflösungsprozess des Körpers abgeschlossen ist. Die Seelen der Gerechten gelangen in den Garten Eden oder sogar zum Thron Gottes, während die Frevler in der Hölle landen. In den Tagen der messianischen Erlösung kehrt die Seele in den Staub zurück, der sich dann zu einem neuen Körper bildet.
Um 120 nach Christus entstand das für den orthodoxen Juden bis auf den heutigen Tag täglich zu betende »Achtzehngebet«, dessen zweite Preisung lautet: »Du belebst die Toten in einem Augenaufschlag, gepriesen bist Du, Herr, der die Toten lebendig macht.« Insgesamt war das Todesbild des Judentums äußerst negativ geprägt und an die Begriffe Sünde und Schuld gekoppelt.
Insofern erstaunt es wenig, dass der Tod im Judentum als Quelle aller kultischen Unreinheit galt. Die Priester (»Kohen«) durften nicht mit Tod oder Leichnam in Berührung kommen, da der Tempeldienst den höchsten Grad von Reinheit erforderte. Bis heute dürfen Nachkommen des aronitischen Priesterstammes nicht an einem Begräbnis teilnehmen oder einen Friedhof besuchen.
Die Hochachtung des Körpers ist bis heute kennzeichnend für die jüdische Kultur. In Israel ist es noch heute extrem schwierig, Obduktionen durchführen zu lassen, von Organtransplantationen ganz zu schweigen – und das trotz der Führung in der medizinischen Forschung weltweit. Sogar die Leichen von israelischen Soldaten versucht die Regierung zurückzubekommen durch geheime Verhandlungen mit Terrororganisationen.

Das Christentum

Die Grundlage der christlichen Religion ist der Glaube, dass Gott als Person in der Welt und in der Geschichte handelnd anwesend ist, was sich durch seine Offenbarung in dem historischen Menschen Jesus von Nazareth manifestierte.
Im Mittelpunkt der Lehre des Christentums steht Jesus Christus, der Gesalbte, der hebräische Messias. Seine Botschaft knüpft an das Exodusmotiv und die messianische Erwartung des Alten Testaments an. Mit seinem Tod am Kreuz bricht eine neue Weltzeit an: GOTT steht dem Gekreuzigten bei und erweckt ihn zum Leben. Jesus ist der Sohn Gottes und Ostern wird durch die Interpretation des Paulus zur Garantie der allgemeinen Auferstehung der Toten am Ende aller Tage. Gleichzeitig ist das Leben Jesu verknüpft mit der Apokalypse, dem Ende der Welt und der Erwartung seiner Wiederkunft. Seine Wiederkehr ist mit den Begriffen »Auferstehung der Toten« und »Jüngster Tag« verbunden. Eine von Gott kommende neue Welt und ein neues Jerusalem sind die Hoffnung für den Gläubigen.
Schon das Alte Testament spricht von einem »Tag Jahwes« und bezeichnet damit einen kosmischen Vernichtungstag, auf den ein außerhalb von Zeit und Geschichte stehendes völlig neues Weltzeitalter folgt. Ein paradiesisches Friedensreich bricht an und der Tod wird nicht mehr sein. Daraus leitet sich der Gedanke der Auferstehung der Toten ab (Dan. 12,1-3), der mit der Vorstellung eines Endgerichts verbunden ist. Dieses bringt ewiges Leben oder ewige Pein.
Das Neue Testament kennt in diesem Sinn zunächst kein Jüngstes Gericht, da es von der Gewissheit bestimmt wird, durch die Auferstehung Jesu Christi bereits in der angekündigten Heilszeit zu leben. Die Offenbarung des Johannes erst

greift die jüdisch-apokalyptischen Überlieferungen in einer Gesamtschau wieder auf. Jesus selbst weist in den Evangelien in seinen Reden über die Endzeit auf das zu erwartende Geschehen hin.
Zu einer geschichtlichen Macht wurde Jesus durch die Behauptung seiner Jünger, dass er aus dem Grabe auferstanden sei, verschiedenen Personen erschien und vor ihren Augen in den Himmel aufgefahren (1. Kor. 15,4-8). Das Mysterium seiner Auferstehung führte auf der ganzen Welt zu dem Glauben, dass wir alle einst auferstehen werden. Das Christentum ist somit eine Jenseitsreligion.
Beim Tod löst sich die unsterbliche Seele vom Leib, der ja nur deren Kerker ist. Sie geht daraufhin in die Ewigkeit ein, wo sie von Gott gerichtet wird. Glaubten die frühen Christen noch an die unmittelbar bevorstehende Wiederkunft Jesu, so stellte sich im Laufe der Zeit die Frage, was denn nun zwischen Tod, Auferstehung und Jüngstem Tag mit der Seele geschehe. So entstand die Vorstellung vom Ganztod, wonach die Auferweckung erst am Jüngsten Tag erfolgt, am Ende der Welt. Die Seele sei bis dahin bewusstlos, um dann ihre körperliche Auferstehung zu erleben. Demnach lebe der Mensch nur einmal und durch seine Lebensführung entscheidet die Person über ewige Seligkeit oder ewige Verdammnis.
Diese Theorie über ein trostloses Leben nach dem Tod ist noch heute in Teilen des Protestantismus und bei den Zeugen Jehovas populär. Sie entbehrt jedoch jeglicher Grundlage. Andere glauben an eine Art Zwischenzustand, einem Ort des Wartens in der Unterwelt. Populär wurde die Lehre der katholischen Kirche vom Fegefeuer: Wer mit lässlichen Sünden belastet ist, wird geläutert, wobei schwere Sünder automatisch in die Hölle kommen. Nach christlichen Vorstellungen findet eine endgültige Vergeltung im Jenseits statt.

Die christlichen Kirchen setzten diese Vorstellungen von Himmel und Hölle Jahrtausende zur Unterdrückung und Machterhaltung über ihre Gläubigen ein. Die moderne Sterbeforschung belehrt uns darüber, dass die Auferstehung direkt nach dem Tod erfolgt, und zwar in geistiger Form. Die Verstorbenen erleben dann ihre Lebensrückschau in dem eigentlichen Jüngsten Gericht. Sie kommen dann auf eine Ebene, die ihrem Bewusstseinszustand entspricht, haben aber stets die Möglichkeit der persönlichen Weiterentwicklung. Es gibt keine ewige Verdammnis. Der GOTT, der Menschen mit Nahtoderfahrung entgegentritt, ist bedingungslose Liebe und nicht Verurteilung und Strafe. Umso weniger erstaunt es, dass Papst Johannes Paul II. 1998 bei einer Generalaudienz in Rom das Leben nach dem Tod nicht erst mit der endzeitlichen Auferstehung beginnen lässt:

»Man darf allerdings nicht glauben, dass das Leben nach dem Tod erst mit der endzeitlichen Auferstehung beginnt. Dieser geht in der Tat jener spezielle Zustand voraus, in dem sich jeder Mensch vom Augenblick des physischen Todes an befindet. Es handelt sich um eine Übergangsphase, bei welcher der Auflösung des Leibes die Fortdauer und Subsistenz eines geistigen Elementes gegenübersteht, das mit Bewusstsein und Willen ausgestattet ist, sodass das Ich des Menschen weiterbesteht, wobei es freilich in der Zwischenzeit seiner vollen Körperlichkeit entbehrt.«[66]

Diese Ausführungen des Papstes lassen den Schluss zu, dass die Auferstehung direkt im Todesmoment erfolgt. Den vielen Experten des Neuen Testaments scheint entgangen zu sein, dass sich schon Jesus den Jüngern in seinem geistigen Leib zeigte! Genau das wird von vielen Menschen mit Nachtodkontakten beschrieben: Nicht selten erscheinen die Verstorbenen im Geistleib.

Der Islam

Die islamische Eschatologie wurzelt im Koran, im heiligen Buch der Muslime. Es wurde im siebten Jahrhundert den Propheten Mohammed bei Mekka und Medina offenbart. Für die Muslime stellt der Koran das Buch der heiligen Weisheit dar, das Direktiven für das Leben im Diesseits und Jenseits setzt. Das arabische Wort für Gott ist »Allah«, und ein Muslim ist jemand, der sich Gott hingegeben hat. Als ungläubig gelten diejenigen, die sich Gott nicht hingeben. Insofern ist der islamische Glaube eigentlich nicht an eine bestimmte Konfession gebunden. Grundsätzlich weist die islamische Eschatologie viele Gemeinsamkeiten mit der christlichen auf.
Der Tod ist unvermeidlich, die letzte Erfahrung im irdischen Dasein. So heißt es im Koran: »Jede Seele wird den Tod kosten.« Im Islam wird der Mensch als eine Einheit von Körper, Seele und Geist gesehen. Der Mensch ist »... von der Erde« (20:53–55), »... aus Ton geformt und vom Geist Gottes beseelt« (15:19), »... wir gehören Allah und zu ihm kehren wir zurück« (2:156).
Der Geist ist göttlichen Ursprungs und das belebende Prinzip im Menschen, das auch »Licht vom ewigen Licht« genannt wird. Der Mensch ist von Gott geschaffen und er ist der Herr der Welten. Geburt und Tod gelten als göttliche Ratschlüsse, da alles Gute wie Schlechte von Gott kommt. Allah ist die Kausa schlechthin. Der Tod bedeutet aber nicht das Ende. Er gilt als der von Gott festgelegte Zeitpunkt, der die Phase der menschlichen Prüfung auf dieser Welt beschließt. Der Mensch hingegen lebt weiter. Dieser Gedanke ist für Muslime keine esoterische Spekulation, sondern das Wort Gottes und Glaubenslehre.
»... und ER ist es, der euch das Leben gab, und dann wird ER

euch sterben lassen, und dann wird ER euch wieder lebendig machen« (22:66) heißt es so und ähnlich in vielen Koranstellen. Diese Welt entscheidet über die zukünftige Welt des Menschen und wird lediglich als flüchtiger Genuss angesehen: »... das Leben auf dieser Erde ist wahrlich nur ein vergänglicher Genuss; und das Jenseits allein ist wahrlich die dauernde Heimstatt« (40:39). Der Sinn des Todes liegt im Islam in der Konfrontation mit dem ewig Seienden und der Vergänglichkeit der Welt.

Im islamischen Glauben gibt es eine zeitliche Vorherbestimmung, da die Todesstunde eines jeden Menschen bei seiner Erschaffung von Gott festgelegt ist. Gott allein gibt Leben und er allein lässt sterben. Es ist die Hingabe an Gott und das Vertrauen in ihn, was im Diesseits wie im Jenseits honoriert wird. »Allah ist allverzeihend und milde« (3:155). Barmherzigkeit und Milde sind die Grundlage der Beziehung zwischen Mensch und Gott. 113 der 114 Suren (Kapitel) des Koran beginnen mit »Im Namen Gottes, des Allerbarmers, des Barmherzigen«.

Selbstmord ist prinzipiell verboten. Der Koran ist die einzige heilige Schrift, die den Selbstmord explizit verbietet und verurteilt. »Stürzt euch nicht mit eigenen Händen ins Verderben«, heißt es im Koran. Selbst bei unerträglichen Schmerzen und Hoffnungslosigkeit darf man sich kein Ende setzen: »Wer sich selbst durchbohrt, um sich zu töten, der wird sich in der Hölle durchbohren. Und wer sich vom Berg stürzt, der wird sich in der Hölle im ewigen Fall befinden.«

Der Mensch darf das ihm geschenkte Leben ebenso wenig zerstören wie das seiner Mitmenschen. Auch die Beihilfe zum Selbstmord ist verboten. Der Koran sagt: »... und tötet euch nicht!« (4:29). Das Töten als Mord oder Selbstmord ist strengstens verboten.

»Wenn einer dies in Übertretung und frevelhafter Weise tut,

werden WIR ihn im Feuer schmoren lassen, und das ist Allah ein Leichtes! Wenn ihr euch von den schwereren und euch verbotenen Dingen fernhaltet, dann werden WIR eure geringeren Übel von euch wegnehmen und euch an einen ehrenvollen Platz führen« (4:30-31).

Der irdische Tod ist ein Tor zum Weiterleben als Übergang in eine andere Form des Seins. Viele Stellen im Koran beschäftigen sich mit der Vergeltung der guten und schlechten Taten eines Menschen. Die Art der feinstofflichen Existenz wird nur verschlüsselt und in Sinnbildern angedeutet, da die spirituelle Ebene dem Menschen verborgen bleibt. Es besteht keine Klarheit in der offiziellen Lehre über die Phase zwischen Tod und Auferstehung. Der Gedanke aus dem Volksglauben hat sogar in die gängigen theologischen Handbücher Eingang gefunden, nämlich die Vorstellung des Verhörs im Grab, der »Grabespein«. Der Prophet Mohammed bezeichnete das Grab als »den ersten Ort des Jenseits«. An diesem ersten Ort befragen die Engel den Toten nach seinem Herrn. Der Ungläubige hat keine Antwort auf diese Fragen, ein Bote vom Himmel befiehlt, ihm solle ein Bett aus Feuer bereitet und eine Tür zum Feuer geöffnet werden, damit sein Grab vom Rauch erdrückt und seine Rippen zusammengepresst werden. Das Grab des Ungläubigen verengt sich immer mehr, bis es ihn zerquetscht, und er wird von Schlangen so dick wie der Nacken eines Kamels verschlungen, bis kein Fleisch mehr an seinen Knochen ist. Engel schlagen ihn mit Eisenstangen und von morgens bis abends wird ihm das Höllenprogramm gezeigt.[67]

Ebenso gehört der Glaube ans Jüngste Gericht und die Auferstehung der Toten zu den wichtigsten religiösen Grundwerten: »... wer an Allah und den Jüngsten Tag glaubt und Gutes tut, diese haben ihren Lohn von ihrem Herrn ...« (2:62). Am Jüngsten Tag jedoch wird der ganze Mensch mit Leib, Geist und Seele auferstehen. Der islamische Glauben geht davon aus, dass das Leben der Welt und alles, was in ihr ist, an einem festgesetzten Tag zu Ende geht. Alles wird dann vernichtet werden. Alle Menschen, die von Anbeginn auf Erden gelebt haben, werden zum Leben erweckt und vor Gott gebracht, der nun zu Gericht sitzt und die guten und bösen Taten abwägt: Die einen ernten das Paradies in ewiger Glückseligkeit, die anderen die Hölle in ewigen Qualen.

Als Gründe dafür nennt der Koran den Unglauben der Menschen und ihre bösen Werke, wobei alle Ungläubigen den schrecklichen Qualen der Hölle auf immer ausgesetzt werden. Jeder, der in seinem irdischen Leben das islamische Glaubensbekenntnis gesprochen hat, wird aber einmal von der Tortur der Hölle befreit werden und in das Paradies eingehen.

Das Paradies ist die Stätte ewiger Freude für alle Gläubigen. Es wird im Koran als wunderschöner Garten beschrieben. Es gibt Flüsse von Wasser, Milch, Wein und Honig (14:23; 47:15). Auch ist von Früchten aller Art die Rede ebenso wie Geflügelfleisch gereicht wird, kurz alles, was dem leiblichen Wohle dient. Zu den Freuden der Seeligen gehören auch Paradiesjungfrauen und Paradiesknaben. Daneben verweist der Koran auch auf die Möglichkeit der direkten Anschauung Gottes, deren Ekstase mit menschlichen Worten nicht zu beschreiben ist.

Der Tod des Attentäters von New York

Der Anschlag auf das World Trade Center in New York zeigt eine völlig neue Dimension des Terrors, von Menschen ausgeübt, die nicht nur bereit sind, ihr eigenes Leben durch Selbstmord zu opfern, sondern die das Ziel haben, eine möglichst große Zerstörung anzurichten und viele Menschen zu töten. In diesem Zusammenhang wird davon berichtet, dass die Attentäter sich im Paradies wähnen. Dieser Glaube ist schlicht und einfach ein Irrtum (»Paradiesirrtum«).

Wie ausführlich dargestellt, hat sich die wissenschaftliche Sterbeforschung der letzten dreißig Jahre weltweit und unabhängig von ideologischen oder religiösen Hintergründen mit der Frage auseinander gesetzt, was mit uns geschieht, wenn wir sterben. Die Auswertung von vielen Millionen Todesnäheerlebnissen weltweit ergab einen Kode, der allen Nahtoderfahrungen zugrunde liegt: Das Bewusstsein (Seele) tritt aus dem Körper aus und der Betroffene fühlt sich lebendiger als je zuvor.

Wenn das Schema des Sterbevorgangs zugrunde gelegt wird, wie es in einem früheren Kapitel dieses Buches beschrieben ist, lässt sich rekonstruieren, was mit dem Attentäter von New York im Moment seines »Todes« geschah: Nachdem seine Seele ruckartig aus dem Körper geschleudert wurde, stellt der Betroffene fest, dass er nach wie vor lebendig ist. Er wird möglicherweise zunächst aufgrund des schnellen Überganges desorientiert sein. Früher oder später wird der Attentäter den Tunnel bemerken und das Licht an seinem Ende. Wenn er nicht schon im Tunnel stecken bleibt und direkt mit seinen eigenen Ängsten und Schuldgefühlen konfrontiert ist, markiert dies den eigentlichen Übergang ins Jenseits. Der Attentäter wird ins Licht katapultiert, was er als Liebe bzw. Gott wahrnehmen wird. Dann erfolgt wie bei jedem Verstorbenen die Lebensrückschau. Hier nun wird ihm seine eigene Verantwortung für sein Leben und für seine Handlungen vor Augen geführt. Er erlebt nicht nur die eigene Sicht der Dinge seines Lebens, sondern ebenfalls die Folgen und Auswirkungen auf andere Menschen. Seine eigenen Absichten werden ihm nach und nach klar, sobald jede äußere Fassade wegfällt.

Die jüdisch-christlich-islamischen Vorstellungen von Auferstehung und Jüngstem Gericht bewahrheiten sich im Todeserleben. Mit »Auferstehung« ist die Kontinuität des Lebens im Augenblick des Todes gemeint und das »Gericht« ist nichts anderes als die Lebensrückschau.

Darauf wies selbst Papst Johannes Paul II. hin, als er im Oktober 1998 im Vatikan erklärte, dass das Leben nach dem Tod nicht erst mit der endzeitlichen Auferstehung beginnt, sondern ein geistiges Element als eigenes Bewusstsein direkt nach dem Tode weiterexistiert.[68]

Himmel oder Hölle sind Bewusstseinszustände, die wir uns selbst durch die unausweichlichen Konsequenzen des eigenen Lebens schaffen: Im Falle des Attentäters ist das die Tatsache des Todes von über dreitausend Menschen, die er durch seine selbstmörderische Handlung umgebracht hat. Schrecklich wird ihm die Erkenntnis sein, was er auf sich geladen hat, da er mit den Auswirkungen seiner Tat auf die vielen Menschen konfrontiert sein wird. Das ist alles andere als das erwartete Paradies.

Aus menschlicher Perspektive betrachtet, wird es vermutlich Jahrhunderte dauern, bis der Attentäter dies alles verarbeitet hat und imstande ist, sich in der jenseitigen Welt weiterzuentwickeln. Er steckt lange Zeit in dem von ihm selbst geschaffenen Bewusstseinszustand fest, ohne die erwarteten Jungfrauen, die ihn trösten.

Während unseres Lebens und selbst nach unserem Tod haben wir die Freiheit der Wahl. Wir können uns für oder gegen bestimmte Handlungen oder Gedanken entscheiden. In diese freie Wahl des Menschen greift Gott niemals ein. Die Möglichkeit zum Guten oder zum Bösen liegt also direkt beim Menschen.

Es gibt einige wenige geistige Gesetze, nach denen unser Leben funktioniert. »Was du säst, das erntest du!« und »Du sollst nicht töten!« Diese Grundsätze gelten für jeden Menschen, unabhängig von allen religiösen Glaubensvorstellungen, da Leben stets als das höchste Gut geschätzt wird. Die Annahme, ein Ungläubiger verdiene im Gegensatz zum Gläubigen den Tod, ist geradezu absurd und widerspricht allen Lebensprinzipien. Was wir aus der Sterbewissenschaft lernen können, ist, dass Gott Liebe ist. Kein Gott verlangt von uns zu töten, weil ein anderer Mensch nicht so denkt wie wir!

Der Koran ebenso wie die Bibel verurteilen das Töten von Menschen. Der Koran im Gegensatz zur Bibel hält den Selbstmord für die schlimmste Sünde. Angesichts dieser Tatsachen kann man nur feststellen, dass Islamisten sich auf eine krasse Weise über den Koran mit ihren Vorstellungen vom »Heiligen Krieg« hinwegsetzen.

6. KAPITEL

Kontakte mit Verstorbenen

In diesem Kapitel erfahren Sie

- wie weit verbreitet Nahtodkontakte sind
- wie unterschiedlich die Formen der spontanen Kontakte sein können
- welche Bedeutsamkeit Begegnungen im Traum haben
- welche Phänomene im Augenblick des Todes besonders häufig auftreten
- welche erstaunliche Hilfe wir in schwierigen Situationen bekommen

Die Verstorbenen nehmen Kontakt auf

Millionen von Menschen auf der ganzen Welt berichten von ihren Kontakten mit Verstorbenen. Diese Nachtodkontakte ereignen sich spontan in Form von Gegenwartsempfinden, Begegnungen im Traum, elektrischen Phänomenen, Berührungen, Gehörwahrnehmungen, Gerüchen bis hin zu visuellen Erscheinungen. Menschen mit solchen Erlebnissen sind von einem solchen Kontaktversuch eines Verstorbenen emotional betroffen. Manche wagen gar nicht oder nur selten mit Angehörigen und Freunden über diese Erfahrung zu sprechen.

Nachtodkontakte sind weitaus häufiger verbreitet als Nahtoderfahrungen. Es hat sie zu allen Zeiten in der menschlichen Geschichte gegeben. Schon im 19. Jahrhundert und später im 20. Jahrhundert legte die britische »Society for Psychical Research« (SPR) mehrere Bände zu diesem Thema einer breiten Öffentlichkeit vor. Viele auf Trauer spezialisierte Psychologen fanden heraus, dass Nachtodkontakte von ihren Klienten berichtet werden, wobei Männer diese genauso häufig erleben wie Frauen. Spontane Kontakte mit Verstorbenen ereignen sich oft während der ersten Jahre nach dem Verlust, aber es kann auch nach zwanzig oder mehr Jahren dazu kommen. Die am meisten berichtete Form des Kontaktes mit Toten sind bedeutsame Träume.

Der überwiegende Teil der Befragten in verschiedenen Studien gab an, dass sich aufgrund ihrer Erlebnisse ihre Anschauung über den Tod verändert hatte. In der Psychotherapie stellt sich dabei noch heute die Frage, inwieweit diese Erlebniswirk-

lichkeit eines Klienten vom Therapeuten überhaupt zugelassen werden kann. In Amerika zeigte sich durch statistische Erhebungen, dass fast die Hälfte der amerikanischen Bevölkerung Nachtodkontakte hatte.
In Deutschland kann man von mindestens 10 Millionen Deutschen ausgehen, die Kontakte mit Verstorbenen erleben. Die Dunkelziffer mag weitaus mehr Menschen betreffen. Nachtodkontakte spontaner Natur sind ein wesentlicher Bestandteil meiner Seminare und Vorträge. Die Menschen haben den ausgesprochenen Wunsch, sich mit ihrem Erleben auseinander zu setzen. Viele sind verstandesmäßig hin- und hergerissen zwischen der Annahme, Wunschvorstellungen erlegen zu sein, und dem tieferen Wissen, ihren geliebten Verstorbenen tatsächlich begegnet zu sein. Letztlich tröstet ein solcher Kontakt durch die erfahrene Gewissheit, dass die Toten weiterleben und nach wie vor an unserem Leben Anteil nehmen können. Im Grunde sind solche Kontakte Geschenke, weil nicht jeder diese Erfahrungen macht. Kontakte mit Verstorbenen können nicht beliebig hergestellt werden. Wenn Verstorbene keinen Kontakt zu ihren Angehörigen wünschen, wird auch kein noch so gutes Medium einen Kontakt herstellen können, da der freie Wille auch nach dem Tod weiter besteht. Eine körperlose Seele versucht allerdings häufig, Kontakt zum Hinterbliebenen aufzunehmen, um diese zu trösten. In diesem Buch können Sie viele eindrucksvolle Erfahrungsberichte lesen, die ich in den letzten Jahren persönlich sammeln konnte.
Eine Seele ist in der Lage, aus der geistigen Welt mit uns regelmäßig Kontakt aufzunehmen, wenn ein Bedürfnis auf beiden Seiten besteht und keine unerledigten Geschäfte einen solchen Kontakt unnötig beschweren. Das Spenden von Trost und Beistand gehört zu den wichtigsten Aufgaben der Toten. Zahlreichen Verstorbenen, die besonders hartnäckig ihre Gegenwart

aufdrängen, geht es um die Bitte der Vergebung. Anne Ray-Wendling berichtet darüber in ihrem Buch »Mein Kontakt mit dem Jenseits«. Anne spürt die Gegenwart ihres verstorbenen Ehemanns immer deutlicher. Sie will sich aber nicht darauf einlassen, weil er sie durch seinen Alkoholismus zu sehr verletzt hatte. Da er nicht nachgibt, geht sie zu einem Medium. Jérôme spricht zu ihr und bittet sie um Vergebung: »Ohne eure Vergebung bleiben die Seelen an einem Ort grauer Einsamkeit, ohne Licht. Vergebung. Vergib auch du mir, ich bitte dich inständig, sonst kann ich diesen Ort nicht verlassen. Nur deine Liebe oder zumindest deine Vergebung können mich zum Licht aufsteigen lassen. Danke, o ja, danke, dass du mich befreist!«[69]
Dieser Auszug zeigt, wie wichtig es für Lebende ist, ihren verstorbenen Angehörigen zu verzeihen, selbst wenn sie uns im Leben verletzt haben.
Durch den Schockzustand nach dem Tod eines geliebten Menschen, besonders bei einem plötzlichen Tod, sind Angehörige häufig nicht in der Lage, die Energie oder Gegenwart des Verstorbenen zu spüren. Sie sind so betäubt und aufgewühlt, dass sie ihren Geist verschließen. Dadurch geraten ihre eigenen Energiemuster dermaßen in Unordnung, dass sie die Anwesenheit nicht spüren. Die meisten Verstorbenen verlassen die irdische Astralebene erst dann, wenn sie etwas unternommen haben, um die Hinterbliebenen in ihrem Leid zu trösten.
Durch den Schmerz sind Hinterbliebene häufig unempfänglich für die Versuche der geistigen Welt, ihnen die heilsame Energie ihrer Anwesenheit zukommen zu lassen. So hält eine Seele, die Angehörige trösten will, nach den Bereichen eines Menschen Ausschau, der am empfänglichsten ist und den Trauernden überzeugt, dass der Verstorbene nach wie vor lebt. Deswegen werden häufig vertraute körperliche Berührungen eingesetzt, damit wir mit dem Verlust umgehen können. Andere richten

ihre Energie auf Gegenstände, umso ihre Anwesenheit kundzutun. Schmuckstücke, Kleidung oder andere Gegenstände, welche die Energie eines Verstorbenen enthalten, sind besondere Träger für einen möglichen Kontakt. Hierzu zwei prägnante Beispiele:

Doris erhielt nach dem Tod ihrer geliebten Mutter mehrere Zeichen. Das intensivste erfolgte etwa ein Jahr später. »Meine Mutter hatte sich vor ihrem Tod eine Anzahl großer Edelsteine gekauft, auf deren Heilkraft sie vertraute. Nach ihrem Tod nahm ich die Edelsteine mit zu mir. Sie befanden sich in einer offenen Silberdose und waren nicht sortiert. Ich stellte sie in eine Schublade meines Wohnzimmerschrankes. Irgendwann, kurz nach dem ersten Todestag meiner Mutter, wollte ich die Steine einfach in die Hand nehmen. Als ich die Schublade öffnete, erschrak ich: Alle Steine waren ausgebreitet und einzeln umgedreht. Daraufhin fragte ich meinen Mann, der am Abend zuvor Fernsehen geschaut hatte, ob er etwas gehört habe. Er antwortete, dass er ein kurzes lautes Geräusch vernommen habe, hatte sich aber nichts dabei gedacht. Ganz oben lag ein großer Jadestein und ein Rosenquarz, beides Edelsteine, die meinem Sternzeichen zugeordnet sind. Das verblüffte mich, und da ich mich mit der Bedeutung von Edelsteinen nicht auskannte, besorgte ich mir ein Bestimmungsbuch. Ich erfuhr, dass ich eine eindeutige Botschaft von meiner Mutter erhalten hatte: der Rosenquarz steht für Liebe und der Jadestein für Loslassen!«

Elisabeth, eine ältere Witwe, erlebte nach dem Tod ihres Mannes die folgende Episode: »Wie immer hängte ich meine Wäsche im Bad ordentlich auf. Als ich kurze Zeit später ins Bad ging, um ein Putzmittel zu holen, war die halbtrockene Wäsche völlig durcheinander. Der Bademantel meines Mannes lag quer im Raum. Ich war verwundert und etwas verstört, doch hängte ich die Wäsche wieder gerade auf. Als ich eine Stunde später ins Bad kam, war die Wäsche wieder durcheinander und der Bademantel lag wieder quer im Raum. Plötzlich verstand ich – mein verstorbener Mann wollte mir ein Zeichen geben. Ich lachte und sagte laut: ›Nun ist gut. Lass meine Wäsche in Ruhe!‹ Er muss die Botschaft wohl verstanden haben, denn danach war der Spuk vorbei.«

Das Gefühl von Gegenwart

Die am häufigsten berichteten Fälle sind jene, in denen die Anwesenheit eines verstorbenen Angehörigen gespürt wird. Eine vertraute Präsenz wird bemerkt. Der Verstorbene befindet sich während des Kontakts im selben Raum oder Umfeld. Das Wesen des Gegenwartempfindens ist intuitiver Natur oder ein sicheres Wissen. Ein fast körperliches Empfinden von Nähe stellt sich ein. Jeder Mensch verfügt über einen eigenen Wesenskern und ein individuelles Energiemuster. Das wird von den Hinterbliebenen gespürt, weswegen die Gegenwart als vertraut und eindeutig erlebt wird. Diese subtile Form der Kontaktaufnahme wird in alltäglichen Situationen spontan erfahren. Die Betroffenen müssen keine besonderen Anstrengungen unternehmen oder überhaupt an die Verstorbenen denken.
Iris erzählte mir: »Ich saß im Wohnzimmer und war in Gedanken vertieft über ein Buch, das ich las. Meine Mutter war vor sechs Wochen gestorben. Plötzlich fühlte ich mich in Frieden und Sanftmut eingehüllt. Dabei spürte ich die Gegenwart meiner Mutter. Es war harmonisch, natürlich und wohltuend. Ich fühlte mich geborgen und getröstet. Ich hatte den Eindruck, dass sie sich von mir verabschieden wollte.«
Ein junger Mann berichtete in einem Seminar, dass er die

plötzliche Krebserkrankung seiner Frau zu bewältigen hatte. Während sich ihr Zustand verschlechterte, spürte er die Gegenwart seiner toten Mutter, die ihn trösten wollte. Er fühlte sich dadurch nicht mehr so allein und hilflos. Als seine Frau dann starb, war seine Mutter um ihn und es kam ihm vor, als ob sie seine Frau in Empfang nahm. Wenige Wochen später spürte er neben seiner Mutter die deutliche Präsenz seiner Frau. Dieses Erlebnis half ihm, mit dem Tod seiner Frau fertig zu werden.

Wir wissen nicht, warum manche Menschen Nachtodkontakte erleben und andere nicht. Wir wissen nicht, warum manche Menschen von einem Sterbenden im Augenblick seines Todes kontaktiert werden und andere erst Jahre später Besuch erhalten; warum manche Visionen oder Erscheinungen haben, während andere nur Stimmen wahrnehmen: Aber all diese Dinge geschehen tatsächlich.

Elke schildert ihr Erlebnis: »Ich war auf dem Heimweg von der Arbeit, als plötzlich meine verstorbene Mutter bei mir im Auto war. Sie war einfach da. Ich spürte ihre Gegenwart, ihr ganzes Wesen, als säße sie neben mir. Fast glaubte ich, sie berühren zu können. Ich empfand ein unbeschreibliches Gefühl von Wärme, als ob sie mir zeigen wollte, dass sie immer für mich da ist. Ich schwebte vor Glück und fühlte mich getröstet.«

Begegnungen im Traum

Für Verstorbene ist es eine der häufigsten Methoden der Kontaktaufnahme, ihren Angehörigen im Traum zu erscheinen. Im Schlaf befindet sich das Unterbewusstsein auch bei schwerer Trauer in einem aufnahmefähigen Zustand. Ein solcher Nachtodkontakt im Traum wird später als reale persönliche Begeg-

nung erinnert. Das Erleben ist geordnet, lebhaft und einprägsamer als andere Träume. Der Hinübergegangene teilt uns mit, was ihn bewegt und erfüllt. Manchmal zeigt er uns auch die Jenseitsebene, die er nun bewohnt. Der Verstorbene erscheint dem Träumenden in seiner einstigen, jedoch verjüngten Gestalt. Verstorbene sehen aus wie in ihren besten Jahren.
Der gravierende Unterschied zu diffusen Tagträumen ist, dass Begegnungen mit Verstorbenen stets konkret erinnert werden, oft sogar noch Jahre später. Die üblichen diffusen Träume aus Alltagsresten, Problemen und Ängsten werden hingegen schon morgens nicht konkret erinnert.
Nach dem Tode seiner Frau erlebte der bekannte Psychoanalytiker Carl Gustav Jung folgende Episode: »Da sah ich sie in einem Traum, der wie eine Vision war. Sie stand in einiger Entfernung und sah mich voll an. Sie befand sich in der Blüte ihrer Jahre, war etwa dreißig Jahre alt und trug das Kleid, welches ihr vor vielen Jahren meine Cousine angefertigt hatte. Es war vielleicht das schönste Kleid, das sie jemals getragen hatte. Der Ausdruck ihres Gesichtes war nicht freudig und nicht traurig, sondern objektiv wissend und erkennend, ohne die geringste Gefühlsreaktion, wie jenseits des Nebels der Affekte. Ich wusste, es war nicht sie, sondern ein von ihr für mich gestelltes oder veranlasstes Bild. Es enthielt den Beginn unserer Beziehung, das Geschehen während der dreiundfünfzig Jahre unserer Ehe und auch das Ende ihres Lebens. Angesichts einer solchen Ganzheit bleibt man sprachlos, denn man kann sie kaum fassen.«[70]
In diesem Zitat wird die Loslösung von Wertungen und gefühlsmäßiger Verbundenheit dargestellt. Jungs Bemerkung »ein für mich gestelltes und veranlasstes Bild« gibt Aufschluss darüber, dass unsere Vorstellbarkeit vom tatsächlichen Leben nach dem Tod nur begrenzt sein kann. Natürlich bleibt Liebe

für immer bestehen, aber nicht das auf Erden damit einhergehende Gefühlschaos. Deswegen erscheinen Verstorbene uns in Bildern, die wir erkennen und denken können.

In der Einschlafphase oder kurz vor dem Aufwachen, in der so genannten »Alpha-Phase«, einem Zustand zwischen Wachen und Schlafen, kommt es besonders oft zu Nachtodkontakten. Heiko beschreibt Folgendes: »Mein Vater starb an einem Herzanfall. Im Dämmerzustand spürte ich seine Gegenwart.

Er wusste, dass ich sehr traurig war und auch nach zwei Jahren seinen Tod noch nicht verarbeitet hatte. Ich konnte diese Tatsache nicht akzeptieren. Im Traum machte er mich darauf aufmerksam, mich auf mein eigenes Leben zu besinnen ... ›Mir geht es gut. Höre auf, mich zurückzuwünschen. Ich habe andere Dinge zu tun.‹ Ich sah ihn, wie er mich ansah und lächelte. Er war zufrieden und glücklich. Nach diesem Erlebnis konnte ich den Tod meines Vaters endlich annehmen.«

Anna verlor ihren 18-jährigen Bruder Bernd durch einen Verkehrsunfall. Sie war wütend und verbittert und konnte ihn nicht loslassen. Im Traum kam er auf sie zugelaufen und war glücklich und zufrieden. Bernd teilte ihr mit, dass für ihn alles in Ordnung sei und er sie liebe. Anna solle sich keine Sorgen mehr machen und ihre Wut und Verbitterung loslassen. Danach verschwand er und Anna kam durch ihren Traum endlich zur Ruhe.

Auch wenn Verstorbene durch einen Unfall ums Leben kamen und wir uns vielleicht ihr mögliches Leiden vorstellen, ist es ihr Anliegen, uns mitzuteilen, dass sie dabei keinen körperlichen Schmerz empfanden: Die meisten verlassen ihren Körper schon vorher. Dasselbe gilt für alle gewalttätigen Todesarten, ob es sich um Mord, Suizid, Naturkatastrophen oder Flugzeugabstürze handelt.

Der Augenblick des Todes

Vor allem im Moment des Todes eines Menschen ereignen sich immer wieder eigentümliche Phänomene. So bleiben Uhren stehen, Bilder fallen von der Wand oder Menschen haben das Gefühl von der Anwesenheit eines Sterbenden, obwohl sie die Todesnachricht noch nicht vernommen haben. Es gibt viele Dokumente aus der Zeit des Zweiten Weltkriegs, die in eindrucksvoller Weise bezeugen, dass sich an der Front Sterbende bei ihren Angehörigen kundgetan haben.

Ich selbst möchte an dieser Stelle ein eigenes Erleben beschreiben, da mich dieses Erlebnis für immer davon überzeugte, dass wir ewig leben: Es war der 25. November 1990. Meine Mutter Hildegard Jakoby war am Abend zuvor ins Koma gefallen. Sie war unheilbar an Magen- und Darmkrebs erkrankt, der nach zahlreichen Operationen und Chemotherapien den ganzen Körper befallen hatte. Ich hatte in der vorangegangenen Nacht an ihrem Bett gewacht und war morgens von meinem Bruder abgelöst worden. Gegen halb zwölf rief er mich an und bat mich, sofort zu kommen, da jeden Augenblick mit dem Ableben unserer Mutter zu rechnen sei. Ich stieg ins Auto und fühlte nichts. Ich nahm zu dem Zeitpunkt starke Beruhigungsmittel, da ich das unsägliche Leiden meiner Mutter nicht mehr ertragen konnte. Ich musste vor einer Ampel halten, als mir spontan Tränen in die Augen stiegen. Ich spürte ein unglaubliches Gefühl von Erleichterung und Freiheit. Dann öffnete sich mein Herz und die Seele meiner Mutter ging hindurch in einem Jubelschrei der Freude. Es war exakt der Todeszeitpunkt meiner Mutter, die sich so bei mir verabschiedete.

Der Moment, in dem ein gerade Verstorbener von uns Abschied nimmt und im wahrsten Sinne des Wortes durch unser Herz fliegt, hat mit der Liebesenergie zu tun, die uns mit ihm verbindet. Mein Erlebnis zeigt, dass Verstorbene imstande sind, uns jederzeit und an jedem Ort zu finden, wenn sie es wollen und an uns denken.

Erlebnisse mit Verstorbenen, die sich im Umfeld ihres Todes ereignen, sind außerordentlich häufig. Der Tod eines Angehörigen kündigt sich auf verschiedene Weise an: durch Geräusche, Gerüche, Gegenstände, Wachwerden oder Lichterscheinungen.

Ingeborg Weiler berichtete mir: »Ich war auf Urlaub in Österreich zusammen mit meiner Mutter. Mitten in der Nacht wachte ich plötzlich auf. Ich war unruhig und aufgeregt und musste immer an meinen Lebensgefährten Fred denken. Es gab kein Telefon in unserem Ferienhaus, und ich dachte darüber nach, sofort nach München zu fahren, weil ich das ausgeprägte Gefühl hatte, dass Fred mich erreichen wollte. Ich fand keine Ruhe und fuhr noch in der Nacht nach München. Während der Fahrt weinte ich entsetzlich. Als ich endlich meine Wohnung erreicht hatte, rief ich sofort bei Fred an, doch er meldete sich nicht. Ich spürte ihn deutlich um mich und hatte das Gefühl, dass er mir etwas sagen wollte. Aber ich konnte nichts tun. Etwas später stellte sich heraus, dass mein Lebensgefährte in jener Nacht in einer Klinik in Amerika plötzlich verstorben war. Heute weiß ich, dass ich in jener Nacht eine innere Verbindung zu Fred hatte und seinen Wunsch gespürt habe, sich von mir zu verabschieden.«

Eine Frau hörte ein lautes Geräusch, als ihr Opa starb. Sie erlebte dies ebenfalls, als ihr Vater einen Unfall hatte. Eine andere Dame wachte morgens mit einem seltsamen lauten Rauschen im Ohr auf, als kurz darauf das Krankenhaus anrief und ihr den Tod des Ehemannes mitteilte.

Andere werden nachts wach, sehen die Uhrzeit und prägen sich den Zeitpunkt des Wachwerdens ein. Wenig später erhalten sie die Nachricht, dass zu dieser Zeit ein Familienangehöriger gestorben ist. In ihrer Jugend erlebte Hilde den Augenblick des Todes ihrer Freundin: »Ich wachte nachts plötzlich auf und spürte ihre Anwesenheit in meinem Zimmer. Es war, als wolle sie sich verabschieden. Das Erlebnis war wie ein Hauch. Dann schlief ich beruhigt ein. Am nächsten Morgen erfuhr ich von ihrem Tod zu diesem Zeitpunkt.«

Monika schrieb mir: »Als meine Tochter sich durch eine Überdosis Drogen das Leben nahm, schlief ihre 11-jährige Tochter bei mir. Nach dem Aufwachen erzählte sie mir, dass sie ganz deutlich geträumt habe, ihre Mama und Martin, mein früher verstorbener Sohn, schwebten beide Hand in Hand durch die Luft. Sie lächelten und winkten ihr zu. Zu diesem Zeitpunkt ahnten wir noch nichts vom Tod meiner Tochter. Der Anruf von der Intensivstation kam erst einige Zeit später.«

Im Sterbemoment können auch Blumen abknicken oder ein intensiver bestimmter Wohlgeruch verbreitet sich im Raum. Kurz vor und nach dem Tod sind starke Lichterscheinungen bis hin zu fast körperlichen Erscheinungen immer wieder bekundet worden.

Das Einwirken Verstorbener auf Elektrizität

Eine besondere Variante der Kontaktaufnahme von Verstorbenen ist das Einwirken auf die Hinterbliebenen über Elektrizität. Elektrische Geräte gehen plötzlich an, der Wasserkessel beginnt laut, ohne dass er angestellt wurde, zu sieden, der CD-Player springt an, Lichter gehen an und aus, der Fernseher stellt sich von selbst an oder aus oder im Computer erscheinen Botschaften, durch die sie ihre Anwesenheit bemerkbar machen.

Nachtodkontakte in Zusammenhang mit physikalischen Phänomenen ereignen sich ungewöhnlich häufig. Es scheint für Verstorbene einfacher zu sein, sich über Elektrizität mitzuteilen. Besonders typisch sind Berichte wie der Folgende: »Mein Vater war gerade verstorben. Ich konnte nicht schlafen, weil ich ständig an ihn denken musste. Wie schön wäre es, wenn er ein Zeichen geben würde, dachte ich. Da ging plötzlich das Licht in meinem Zimmer aus! Ich fragte laut und deutlich: Bist du hier, Vater? worauf die Nachttischlampe an und aus ging. Diese Phänomene wiederholten sich in den nächsten Wochen mehrfach.« Der verstorbene Vater reagiert hier auf die Gedanken seiner Tochter.

Aber auch Gegenstände können bewegt werden. In einem Seminar erzählte mir ein junger Mann, dass er sich mit einem Freund abgesprochen hatte, ein Zeichen aus dem Jenseits zu senden, wenn dieses möglich ist. Nach einem Streit verloren sich die beiden aus den Augen. Der frühere Freund kam durch einen Motorradunfall ums Leben, ohne dass der andere dies wusste. Zwei Jahre später dachte er an seinen früheren Freund und rief bei dessen Familie an. Nun erfuhr er von seinem Tod. Während dieses Telefonats fielen plötzlich mehrere feststehende Gegenstände von den Schränken und dann ging auch noch das Licht aus. Der junge Mann musste lachen. Das war eindeutig das versprochene Zeichen!

An diesem Beispiel zeigt sich, dass ein Verstorbener manchmal erst dann ein Zeichen sendet, wenn wir dafür offen sind und es erkennen können. Manchmal erhalten Hinterbliebene über das Telefon eine Nachricht. Das kann im Schlaf wie auch Wachzustand erfolgen. Die Stimme des Verstorbenen ist dabei deutlich zu hören oder klingt von ganz weit weg. Nach der Beendigung eines solchen Gesprächs gibt es allerdings kein Klicken oder Freizeichen. Es wird einfach Stille wahrgenommen.

Heute geschehen solche Kontakte sogar über das Handy. Die Tante einer jungen Seminarteilnehmerin verstarb plötzlich über Nacht. Nachbarn hatten sie morgens tot im Sessel gefunden. Es war keine Möglichkeit gewesen, Abschied zu nehmen oder irgendwelche Verfügungen zu treffen. Als die junge Frau in der ersten Nacht danach erschöpft eingeschlafen war, klingelte in ihrem »Traum« das Handy und ihre Tante meldete sich auf diese Weise bei ihr. Sie erklärte ihr genau, wo Geld und besondere Briefe zu finden seien, und sie gab ihr einige Hinweise, was mit ihren Sachen zu geschehen habe. Am nächsten Tag fand sie genau an den bezeichneten Stellen die Briefe und das Geld, das sonst vernichtet worden wäre.

Empathische Todeserlebnisse

Immer mehr Menschen haben heute so genannte »empathische Todeserlebnisse«, das heißt, sie erleben zeitgleich den Übergang eines Angehörigen, manchmal sogar eines Fremden mit. Die moderne Sterbeforschung weist daraufhin, dass ein derartiges Erleben verstärkt vorkommt.

Es ist jetzt die Zeit, in welcher die geburtenstarken Jahrgänge der fünfziger und sechziger Jahre mit dem Sterben ihrer Eltern konfrontiert werden. Diese Generation ist offener für spirituelle Fragen und alternatives und natürliches Heilen. Außerdem vollzog sich in den letzten Jahren eine Veränderung in unserer Krankenhauspraxis: Heute werden Menschen nicht unbedingt beim Sterben ihrer Angehörigen ausgegrenzt, sondern sogar ermutigt, im letzten Augenblick des Lebens dabei zu sein. Doch selbst wenn wir nicht direkt am Sterbebett anwesend sind, was bei lang andauernden Sterbeprozessen häufig der Fall ist, da niemand den genauen Zeitpunkt des Todes voraus-

sagen kann, kommt es zu einem gleichzeitigen Miterleben des Todes eines nahe stehenden Menschen.
Hannelores Mutter starb vor kurzem nach einem längeren Krebsleiden. Das Krankenhaus hatte schon mehrere Male bei ihr angerufen, dass ihre Mutter direkt im Sterben lag. Hannelore hatte tagelang bei ihr am Bett gesessen und gewacht. Doch ihre Mutter starb nicht. Schließlich war sie völlig erschöpft und fuhr nach Hause. Bald schon klingelte das Telefon und das Krankenhaus teilte ihr erneut mit, dass es mit ihrer Mutter zu Ende gehe. Da sie völlig erschöpft war, fuhr sie nicht in die Klinik. Am nächsten Morgen gegen 8 Uhr hatte sie im Halbdämmerschlaf ein Bild vom Tunnel vor ihrem inneren Auge. Sie sah eine Gestalt aus dem Dunkel aufsteigen und dann bemerkte sie ein helles Licht. Kurz darauf bekam sie einen Anruf und man teilte ihr mit, dass ihre Mutter gegen acht Uhr gestorben sei!
Empathische Todeserlebnisse sind häufig bei Menschen, mit denen man durch tiefe Liebe verbunden ist. Wie schon geschildert, hatte ich selbst direkt den Tod meiner Mutter miterlebt. Dieses Erleben bewog mich, mich intensiv mit Sterben und Tod zu befassen. Ich wusste nun, dass die geistige Welt tatsächlich existiert. Es gibt aber auch Berichte, wo nicht Betroffene den Tod eines anderen miterleben.
Alexander Rolfes berichtet: »Als ich im Alter von neun Jahren in meinem Heimatort an der jährlichen Fronleichnamsprozession teilnahm, herrschte im Dorf schon einige Tage eine gedrückte Stimmung. Unser Schulleiter, Herr Behrend, war an Krebs erkrankt und es war klar, dass er die nächsten Wochen nicht überleben würde. Wir hatten fast den zweitletzten Altar erreicht, als mir auf der Höhe des Hauses unseres Schulleiters plötzlich schwindelig wurde. Ich fühlte keine Kontrolle mehr über meinen Körper und geriet ins Wanken, bis ich am Haus

vorbeigegangen war. Ich sah zur Zeit des Schwindelgefühls nur helles Licht, es war ein gutes Gefühl und für einen Moment vergaß ich die vielen Menschen. Eigenartig an diesem Erlebnis war, dass keiner der vorüberziehenden Leute wahrnahm, was mit mir geschah. Ich kniete am Zaun, doch niemand beachtete mich. Das Gefühl verging so schnell, wie es gekommen war. Am nächsten Altar angekommen, wurde der Gemeinde mitgeteilt, dass Herr Behrend soeben gestorben war.« In diesem Beispiel zeigt sich, wie die Lebensenergie, die einen Körper verlässt, einen anderen Menschen erreichen kann. Gleichzeitig wird das Wohlgefühl, das der Sterbende empfindet, einer fremden Person mitgeteilt.

Eine junge Frau erzählte mir in einer Fernsehsendung, dass sie mit ihrem Mann zusammen in einen Stau geriet, weil sich weiter vor ihnen ein Unfall ereignet hatte. Sie sah einen dunklen Schatten über der Unfallstelle und wusste, dass dort jemand soeben gestorben war. Plötzlich nahm sie als inneres Bild einen fremden Mann wahr, der durch den Tunnel ins Licht schwebte. Sie erschrak, vergaß aber dieses Erlebnis nie.

Der Tod eines Menschen wird auch über große Distanzen wahrgenommen, da Zeit und Raum für Verstorbene keine Rolle spielen. Ingrid aus München erzählte, dass sie jahrelang mit John, einem in Deutschland stationierten Soldaten, eng befreundet war: »Schließlich kam es zu einer Trennung, da er nach Amerika zurückmusste. Ich ließ ihn los und fand einen neuen Freund. Ungefähr zwei Jahre später hatte ich das sichere Gefühl, dass John gerade gestorben war. Ich fühlte seine Gegenwart und war zutiefst beunruhigt. Obwohl ich keinen Kontakt mehr hatte, rief ich seine Tante in Amerika an. Ich wollte wissen, was los ist. Von ihr erfuhr ich, dass John ganz plötzlich in einem Krankenhaus gestorben war. Die Tante berichtete mir, dass er bis zuletzt an mich gedacht hatte und auch immer noch von mir gesprochen hatte. Ich war traurig und wusste nicht, was ich denken sollte. Dann hatte ich einen Traum. Ich stand an Johns Grab, als er mir erschien und meine Hand nahm. Er sagte, dass er immer bei mir sei und ich nicht so viel weinen solle. Dann zeigte er mir, wo er jetzt lebt. Ich erblickte eine leuchtende, farbige Landschaft, in vollem Rot und Gold wie bei einem Sonnenuntergang. Ein tiefer Friede und Freude erfüllte mich. John beteuerte mir, dass er auf mich warte und ich sollte aufhören zu trauern.« Danach ging es Ingrid wesentlich besser und sie fühlte sich getröstet.

Die außerkörperliche Erfahrung

Der obige Fall ist insofern bemerkenswert, als dass Ingrid eine Vision von ihrem Freund hatte, der ihr zeigte, wo er sich jetzt in der geistigen Welt aufhält. Verstorbene wollen uns nicht nur beruhigen und trösten, sondern darauf aufmerksam machen, dass sie weiterleben. Ingrids Ausflug in die geistige Welt war nur durch eine außerkörperliche Erfahrung möglich. Derartige Erlebnisse in Träumen, Visionen und Tagträumen werden ebenfalls nicht selten berichtet.

Herbert Fröde, ein 45-jähriger Maler, lernte im Sommer 1993 Luca kennen, einen 20-jährigen Italiener. Es wurde eine der herausragendsten Begegnungen seines Lebens. Dieser Junge liebte ihn wie kein anderer zuvor. Alles war extrem, außergewöhnlich, unvergesslich. Doch dann starb Luca plötzlich an einer Überdosis Heroin. Um seinen Schmerz zu verarbeiten, reiste Herbert einige Wochen später nach Brasilien. Eines Nachts wurde er im Traum von Luca abgeholt, der ihm herrliche Landschaften und unbekannte Farben der jenseitigen Welt zeigte und die Ebene auf der er sich nun befand. Hier enthüllte sich

Herbert das kosmische Verwobensein der geistigen Wesen, der Farben, des Lichtes, des Einsseins mit der Schöpfung. Herberts Erlebnis war für ihn real. Er stand als Beobachter vor dem Geschehen und erlebte die geistige Welt als immer währende Bewegung, als Tanz des lebendigen Geistes. Später versuchte er, das Geschaute in Bildern wiederzugeben, das sich unserem sprachlichen Zugang entzieht. Es zeigt sich wieder und wieder, dass das Zustandekommen für derartig intensive außerkörperliche Erfahrungen nur im Zusammenhang mit einer engen Verbundenheit zu einem Verstorbenen möglich ist. Auch im nächsten Beispiel ist dies der Fall.

Ernst Bergemann, 68 Jahre, ist Gründer und Leiter des Onkologischen Patientenseminars Berlin-Brandenburg an der Charité Berlin, das er 1992 zusammen mit der krebskranken Ärztin Annemarie gründete. Wenige Tage nach einem Konzert, wo sie noch Karten verkauft hatte, bekam Herr Bergemann einen Anruf ihres Sohnes, der ihm den Tod seiner Mutter mitteilte.

»Erschüttert setzte ich mich auf das Sofa in unserem Büro. Plötzlich passierte folgendes: Eine mir unbekannte Energie durchströmte meinen Körper von unten nach oben. Je mehr sich dieses merkwürdige Prickeln ausbreitete, umso stärker wurde es. Mein ganzes zentrales Nervensystem stand unter Hochspannung. Als die Spannung ihren Höhepunkt erreicht hatte, löste ich mich ruckartig von meinem Körper. Das Büro war verschwunden, ich stand in einem pechschwarzen Raum. Annemarie stand neben mir, lächelnd, jung, schön, überhaupt nicht tot. Sie zeigte mir einen Tunnel. Die Wände waren wie aus schwarzem Granit, fluoreszierend, orphisches Urgestein, gewaltig, kosmisch. Der Tunnel ging nach oben. Am Ende sah ich ein Licht. Nicht unser Licht, dezentrisch, von einem Punkt gleichmäßig sich nach allen Seiten ausbreitend, sondern genau umgekehrt, konzentrisches Licht, von allen Seiten in Punkten zusammenfließend. Das faszinierte mich, ich musste unbedingt dorthin. Da ich keinen Körper mehr hatte, konnte ich in Gedankenschnelle wie von selbst im Tunnel immer höher fliegen. Je näher ich zu den Lichtpunkten kam, umso großartiger wurde es. Es war unglaublich schön. Als ich dem Licht schon sehr nahe war, zog mich plötzlich eine Kraft wieder nach unten, ich saß wieder auf dem Sofa in unserem Büro.«

Hilfe in schwierigen Situationen

Auch nach dem Tod haben Verstorbene ein Gefühl der Verbundenheit mit uns. Sie haben weiterhin Einblicke in unser Leben und wachen mit Liebe und Anteilnahme über uns. In erster Linie versuchen sie, uns in schwierigen Situationen zu helfen und uns vor Schaden zu bewahren. Verstorbene fühlen sich bewogen, genau dann in das Leben ihrer Angehörigen einzugreifen oder sie zu beschützen, wenn eine unmittelbare physische Gefahr droht. Das kann sich beispielsweise in einer brenzligen Verkehrssituation manifestieren.

Irmi berichtete, dass sie auf der Autobahn bei Nebel in einen Stau geriet. Ihr Sohn war kürzlich durch einen Unfall ums Leben gekommen und sie war sehr traurig. Als sich der Verkehr wieder in Gang setzte, hörte sie in ihrem Innern die Stimme ihres Sohnes. Er forderte sie eindringlich auf, unbedingt die nächste Ausfahrt zu nehmen. Irmi befolgte blindlings seinen Rat. Im Radio hörte sie kurz darauf, dass es an der betreffenden Stelle auf der Autobahn zu einer schweren Massenkarambolage gekommen war.

Manche Kontakte sind von solcher Dringlichkeit, dass sie unsere sofortige Aufmerksamkeit erfordern. Die Toten haben einen größeren Überblick über unser Leben und erkennen sogar

Notlagen, von denen wir nichts wissen können. Eine Frau wurde nachts von der Stimme ihrer verstorbenen Großmutter geweckt, die ihr deutlich zurief, sie möge sofort das Haus verlassen. Sie bemerkte Brandgeruch – das Haus hatte unten Feuer gefangen. Nur mit einem Schlafanzug bekleidet konnte sie sich durch einen Sprung durchs Fenster retten.
Auch im Umfeld eines möglichen Suizids kann es sein, dass Verstorbene versuchen, diese Handlung zu verhindern. Sie spenden Mut und Hoffnung, damit ihre Angehörigen aus ihrer Hilflosigkeit, Resignation oder Depression herauskommen. Hierzu ein typisches Beispiel:
Ein junger Mann war von seiner Freundin verlassen worden. Das drückte ihn dermaßen nieder, dass er sich das Leben nehmen wollte. Im Traum begegnete er seiner Großmutter, die sich selbst umgebracht hatte. Diese bedeutete ihm, nicht aufzugeben. »Dein Leben hat einen Sinn. Setze dein Leben nicht wegen einer anderen Person aufs Spiel. Es lohnt sich zu leben und auch für dich gibt es eine Aufgabe und sicher auch einen anderen Menschen.« Dieses Erlebnis tröstete ihn und veränderte sein Leben schlagartig.
Unser Leben auf Erden ist ein Geschenk, an dem wir wachsen können. Verstorbene teilen uns immer wieder mit, dass sie weiterleben und jeder von uns so viele Erfahrungen machen soll, wie möglich. Alle Erfahrungen, denen wir im Leben ausweichen, werden uns auch nach unserem Tod nicht erspart bleiben. Wir wachsen am meisten durch Verluste, Krisen oder Schmerzen und Krankheiten. Das ist kein Grund, den Kopf in den Sand zu stecken. Wenn wir offen sind für unsere intuitiven Eingebungen in den Krisenzeiten unseres Lebens können wir das Einwirken von Verstorbenen auf unser Leben sehr wohl bemerken, ihre Anwesenheit spüren und die Hilfe nutzen, die sie uns bieten.

Verschiedene Nachtod-Phänomene

Viele Menschen berichten von Stimmen, die sich über das Innere und über die Gedanken kundtun. Das wird als telepathische Kommunikation bezeichnet. Andere hören die Stimme eines Verstorbenen auch im Außen. Die meisten Botschaften, die durch Gehörwahrnehmung übermittelt werden, sind kurz und knapp: »Ich liebe dich«, »Mir geht es gut«, »Alles ist in Ordnung, ich fühle mich wohl.« Seltener sind komplexe Botschaften über die geistige Welt. Verstorbene wollen uns beistehen, trösten und beruhigen.

Gisela hatte nach dem frühen Tod ihrer Mutter sehr hart körperlich zu arbeiten, um den Lebensunterhalt für sich und die kleinen Geschwister zu verdienen. An einem besonders schweren Tag, als es ihr fast zu viel war, kamen plötzlich aus dem leeren Raum genau die ermunternden Worte, mit denen ihre Mutter zu Lebzeiten zu ihr gesprochen hatte: »Es wird alles gut, du machst es wunderbar! Ich bin sehr stolz auf dich!« Sie tröstete sie, dass alles nur halb so schwer sei und mit der Zeit vergehen werde.

Auch Düfte werden häufig wahrgenommen, die spezifisch mit Verstorbenen zu tun haben: Parfüme, Rasierwasser, Blumen, Tabak. Gerade Geruchsphänomene ereignen sich außerordentlich häufig und werden von zahlreichen Betroffenen beschrieben: Anna beklagte den plötzlichen Tod ihrer Großmutter. Sie konnte nicht loslassen, da ihre Oma völlig unerwartet an einem Herzinfarkt verstorben war. Wenige Wochen nach der Beerdigung bemerkte sie beim Abendbrot, dass der Duft ihrer Großmutter sich im Raum ausbreitete. Sie hatte ein bestimmtes Moschusparfüm benutzt, welches nun auch von Annas Ehemann wahrgenommen wurde. Beide spürten dann die energetische Gegenwart der Verstorbenen. Anna fühlte sich dadurch bestärkt, dass ihre Oma weiterlebte, und bewältigte dadurch ihre Trauer.

Es kann zu Erscheinungen Verstorbener kommen, die als helles Licht wahrgenommen werden, als Gesicht, als halber oder kompletter Körper bis hin zur lebensecht wirkenden Gestalt. Verstorbene werden normalerweise als heil, ganz und gesund gesehen, auch wenn sie vorher durch eine Erkrankung entstellt waren. Hubert erzählte vom schrecklichen Krebstod seiner Frau, die an einem Gesichtstumor litt und dadurch stark verunstaltet war. Als er am nächsten Tag seine Frau noch einmal sehen wollte, hatten sich über Nacht alle Gesichtszüge geglättet. Sie war wieder schön. In der Nacht darauf stand seine Frau vor seinem Bett und lächelte ihm zu. Sie sah aus, wie in ihren besten Jahren! Nachtodkontakte sind trostreich und haben das Potenzial, unser Leben zu verändern. Sie zeugen davon, dass die Liebe unserer Verstorbenen über den Tod hinaus voll wirksam bleibt und das Leben nach dem Tod Realität ist.

Erscheinungen von Verstorbenen sind auch Bestandteil des Nahtodkodes. Verschiedene unterschiedliche medizinische Studien zeigten, dass ein hoher Prozentsatz psychisch normaler Individuen visionäre, spontane Begegnungen mit Verstorbenen aufweist. Sie helfen den Trauernden ihren Kummer besser zu bewältigen.

Erscheinungen in Spiegeln

Eine hohe Anzahl spontaner Erscheinungen von Verstorbenen werden in Spiegeln, reflektierenden Flächen oder gegen den Hintergrund einer weißen Wand gesichtet. Eine Seminarteilnehmerin erlebte, dass ihre verstorbene Großmutter aus dem Spiegel am Ende des Flurs heraustrat. Sie kam auf sie zu und

verschwand dann aus der offenen Tür eines Zimmers. Die Frau erschrak zunächst, doch dann fühlte sie sich getröstet.
Ein Spiegel kann auch das Tor zu anderen Zeitdimensionen sein. So erzählte mir ein junger Mann, dass er das Gefühl hatte, durch einen Spiegel hindurchzugehen und sich plötzlich von seltsam gekleideten Menschen umgeben sah, wie in einem Ballsaal früherer Jahrhunderte. Hier hatte sich die Zeitdimension verschoben.
Ein Ehepaar, welches seinen Sohn durch einen Verkehrsunfall verloren hatte, zog in dessen Schlafzimmer. An der Decke waren selbststrahlende Sternchen angebracht, also reflektierende Flächen. Nachts bemerkten beide unabhängig voneinander ein helles, starkes, dickes Strahlenbündel, das von den Sternchen ausging und nach unten strahlte.
Eine Witwe blickte zufällig in das spiegelnde Fenster ihres Hotelzimmers: »Dies passierte, kurz nachdem mein Mann durch einen Autounfall ums Leben gekommen war. Es war früh am Morgen und ich lag im Bett und starrte aufs Fenster. Es war dunkel, und draußen war nichts zu erkennen. Das Fenster bildete eine Art schwarzes Quadrat. Ich kann mich nicht entsinnen, an irgendetwas Bestimmtes gedacht zu haben, ich blickte einfach nur aufs Fenster. Plötzlich konnte ich einen Mann auf mich zurennen sehen. Er hatte eine Badehose an und sein Haar war nass, so als käme er gerade vom Strand. Ich wurde ganz aufgeregt, denn ich erkannte in ihm meinen verstorbenen Mann! Er rannte zu mir hin und lächelte. Ich konnte ihn riechen und ich weiß, dass ich sein nasses Haar hätte befühlen können, wenn ich die Hand ausgestreckt hätte. »Alles ist hier in Ordnung«, sagte er. Er lächelte und war glücklich, und das machte mich glücklich. Diese Erfahrung half mir, meinen Kummer zu überwinden, denn ich hatte mir immer Sorgen um den Schmerz gemacht, den er empfunden haben musste,

als der Wagen verunglückte.«[71] Diese Frau wusste nun, dass ihr Mann nach seinem Tod nicht zu leiden hatte. Das Erlebnis half ihr, ihren Kummer zu bewältigen.

Grundsätzlich verändern Nachtodkontakte die Auffassung von der Realität und dem Sinn des Lebens bei den betreffenden Personen. Manchmal können auf diese Weise auch unerledigte Geschäfte bereinigt werden, da Wiederbegegnungen mit Verstorbenen nützlich und hilfreich sind.

7. KAPITEL

Der heutige Umgang mit Sterben, Tod und Trauer

In diesem Kapitel erfahren Sie

- warum Sterben heute ein langer, zäher Prozess ist
- worauf sich die Forderungen nach aktiver Sterbehilfe begründen und wie sich das auswirkt
- wie die historischen Einstellungen zum Tod aussehen
- welche große Bedeutung der Hospizbewegung und den Palliativstationen zukommt
- wie der Mensch mit seiner Trauer umgehen kann

Tod und Sterben in der heutigen Gesellschaft

Der Tod ist zu Beginn des 21. Jahrhunderts entzaubert, technisiert und in funktionale Abläufe zergliedert, die ihn zu einer Angelegenheit von Spezialisten gemacht haben. Der Arzt sieht den Kranken, wobei das Sterben außerhalb seiner Kompetenz liegt. Der Tod lässt sich nicht in abstrakte Theorien fassen, da die Summe der konkreten persönlichen Erfahrungen nicht in diesen enthalten sind. Der zentrale Ort des Todes ist das Krankenhaus und das Pflegeheim. Etwa zwei Drittel aller Bewohner sterben hier. Es ist häufig eine quälend lange letzte Lebensphase, die von Intensivmedizin gekennzeichnet ist.
Zeugnisse von Sterben, Tod und Trauer gehören zu den ältesten Belegen menschlicher Existenz. Philosophen, Theologen, Dichter, Maler und Bildhauer haben sich stets damit auseinander gesetzt. Heute sprechen Soziologen vom gesellschaftlichen Ausschluss der Toten und des Todes und verweisen dabei auf das Ende des persönlichen Erinnerungskultes durch steinerne Grabmonumente, die durch anonyme Urnenhaine oder der enormen Zunahme anonymer Bestattungen unter weitläufigen Rasenflächen gekennzeichnet sind.
Die Furcht vor dem Tod, das Nicht-erinnert-werden-Wollen an die eigene Vergänglichkeit, ist die Signatur des neuen Zeitalters. Lieber wird öffentlich über Unsterblichkeitsgene spekuliert, als dass eine vernünftige Diskussion über Sterben, Tod und Übergang überhaupt möglich ist. Die Furcht vor dem Tod verschiebt sich auf die trügerische Hoffnung der Fortschritte in der Medizin, die suggeriert, dass einmal alle Krankheiten be-

siegt werden können und die Sterblichkeit abgeschafft werden kann. Die heutige Generation hat gute Chancen, die Spanne der Lebenszeit von circa 70 Jahren auf etwa 90 auszudehnen. Das wirkliche Sterben ist indes ein langer, zäher Prozess: Im Alter mehren sich die chronischen Krankheiten mit langwierigen Verläufen, und eine Zunahme von Tumorleiden mit starken Schmerzen ist zu verzeichnen. Krebs wird zur häufigsten Todesursache im 21. Jahrhundert. Zahlreiche Patienten haben einen langen, schmerzvollen Sterbeprozess zu erwarten, der Würde und Selbstbestimmung des Menschen auf eine harte Bewährungsprobe stellt. Wenn in früheren Jahrhunderten den Menschen nichts anderes übrig blieb, dem eigenen Tod und dem Tod der anderen ins Auge zu sehen, so gibt es heute kaum ein Sterben ohne Krankheit mehr. »Der natürliche Alterstod jedenfalls findet in der Todesursachenstatistik nicht mehr statt, jedem Tod wird eine Krankheit zugerechnet (wenn es kein Unfall war!)«, schreibt Norbert Fischer.[72]

Die direkte Todeserfahrung ist nichts Alltägliches mehr: Viele Menschen werden erstmals zwischen 30 und 40 Jahren direkt mit dem Sterben konfrontiert. Der Tod ist im Alltagsleben praktisch abwesend, wobei er in den Medien umso mehr präsent ist. Die meisten Menschen setzen sich dementsprechend nicht frühzeitig mit dem Tod auseinander, um sich einen Standpunkt bzw. ein Verhältnis dazu zu bilden, sondern verschieben es auf den Tag, bis sie selbst oder Angehörige es mit dem Sterben zu tun bekommen. Demgemäß wird das tatsächliche Sterben von Menschen kaum ausgehalten, da entsprechende Verhaltensmuster und Reaktionsmöglichkeiten fehlen. Das begünstigt und beschleunigt das Abschieben von Sterbenden in Krankenhäuser und Pflegeheime. Sterben wird als langer, zäher Prozess erfahren, der nicht kalkulierbar ist. Angehörige sind dementsprechend verzweifelt und hilflos, statt echte Zuwen-

dung leisten zu können oder einfach in dieser Situation da zu sein.
Der Einfluss der Technik und fortschreitenden Diagnostik zeigt sich vor allem in der Klinik, die zum technischen Reparaturbetrieb geworden ist. Im Krankenhaus steht nicht der Mensch als ganzheitliches Wesen im Vordergrund der Betrachtung, sondern er wird reduziert auf einzelne Körperteile. Wenn der sterbende Mensch Kommunikation oder emotionale Zuwendung am dringendsten nötig hat, wird er zwischen all der medizinischen High Tech allein gelassen und das nicht nur von einem maßlos überforderten Klinikpersonal, sondern häufig auch von den eigenen Angehörigen.
Obwohl der Wandel im Umgang mit Sterbenden jeden von uns angeht und ermutigende Alternativen durch Sterbebegleitung, Hospizarbeit und Palliativstationen vorhanden sind, fühlt sich die Mehrheit der Bevölkerung nicht zuständig: Der Tod ist ihr fremd, verdrängt sogar im eigenen Inneren. Materialismus, Technik und Wissenschaftgläubigkeit, Jugendwahn und Hedonismus sind als Signatur einer ganzen Generation anstelle von Religion getreten. Vielen Menschen fehlen spirituelle Beistandssysteme, obwohl Hinweise auf einen tieferen Sinn des Todes durchaus in der Nahtodforschung zu finden sind.
Die Grenzen zwischen Leben und Tod sind heute fließend geworden, wobei sich die Frage stellt, wann ein Mensch wirklich tot ist?

Das Hirntodkonzept

Am 01. 12. 1997 wurde in Deutschland das »Gesetz über die Spende, Entnahme und Übertragung von Organen« in Kraft gesetzt, womit die Organisationsstruktur der Transplantations-

medizin geregelt wurde. Dazu wurde eine neue Definition des Todeszeitpunktes in der Medizin gesetzlich verankert.
Das Hirntodkonzept zweiteilt den Menschen als lebende Leiche: Der Patient gilt als endgültig verstorben, wenn sein Gehirn tot ist, der übrige Körper aber noch lebt! Eine Transplantation ist aber abhängig von der Lebensfrische des hirntoten Körpers, da die Organe, die transplantiert werden, in einem vitalen Zustand entnommen werden müssen. Dieses Todesmodell bricht radikal mit allen bisher gültigen und sicheren Todeszeichen wie: Stillstand des Herzens und der Atmung, Leichenblässe, Totenstarre, Verwesungsprozess oder Totenflecke.
Durch die Neudefinition des Todes als Hirntod wurde der Todeszeitpunkt sozusagen vorverlegt und der eingetretene Tod auf ein sinnlich nicht wahrnehmbares, abstraktes Phänomen reduziert. Die High-Tech-Medizin spricht vom Tod eines Menschen, wenn das Gehirn unumkehrbar geschädigt ist, obwohl das Herz weiterhin schlägt in einem noch lebenden übrigen Körper.
Das Hirntodkonzept ist für die Medizin deswegen so wichtig, weil sie sonst in Tötungsverdacht geraten könnte, wenn ein Hirntoter noch als ein im Sterben begriffener Patient gelten würde. Das würde die Transplantation von Organen unmöglich machen. Wenn ein Mensch einen Herz-Kreislauf- oder Herztod erlitten hat, sind die meisten Organe unbrauchbar. Deswegen musste die Transplantationsmedizin die Entscheidung treffen, den »Hirntod« als Tod des ganzen Menschen festzulegen, damit einem Menschen in einem bestimmten Stadium des Sterbeprozesses lebendfrische Organe entnommen werden können. Die Folge ist: Der Sterbeprozess des Spenders kann je nach Bedarf angehalten werden oder sein Tod wird durch die sofortige Organentnahme praktisch beschleunigt.
In der Praxis treten Unsicherheiten auf, da hirntote Spender

häufig Reflexe aufweisen. Ein toter Mensch müsste eigentlich auch nicht narkotisiert werden zur Organentnahme, aber genau das wird gemacht!
Die Tendenzen der modernen Medizinforschung verweisen auf einen Wertewandel, da der Mensch mehr und mehr zu einer Maschine degradiert wird. Gentechnik gilt als ein Herzstück der Medizin der Zukunft, wodurch der Verdinglichung des Menschen kaum Grenzen gesetzt sind. In seinem Wahn, Schöpfer zu spielen, wird dem heutigen Menschen mehr und mehr suggeriert, schon bald gar unsterblich in seinem Körper leben zu können bzw. den Alterungsprozess umkehren zu können. Das Bild des Menschen als rundum erneuerbare Maschine, unsterblich und jung für die Ewigkeit, sollte uns niemals darüber hinwegtäuschen, dass die Kehrseite dieses Wunschdenkens unermessliches Leid für die Betroffenen bedeutet. Ein Blick hinter die Kulissen der Transplantationsmedizin beleuchtet somit auch die eigentlichen Probleme unserer Zeit: das Problem der Forschungsfreiheit gegenüber der Menschenwürde, zumal für die Bioethik an Stelle der Person der Mensch zum Bioträger wird, zur belebten Materie (vergleiche dazu: Bernard Jakoby, »Das Leben danach«).

Die Diskussion um aktive Sterbehilfe

In den letzten dreißig Jahren führten die einschneidenden Veränderungen der Intensivmedizin zu einem eigentümlichen Dilemma: Auf der einen Seite steht der Machbarkeitswahn vieler Ärzte mit dem obersten Prinzip der Lebenserhaltung um jeden Preis, auf der anderen Seite die zunehmende Forderung nach aktiver Sterbehilfe. Hier ein Beispiel für die zu Recht gefürchtete Maximaltherapie, wie es in Alters- und Pflegeheimen

häufig geschieht. Das folgende typische Beispiel ist leider keineswegs ein Einzelfall!
Eine alte Frau von über 90 Jahren, die sich im Altersheim befindet, wird zunehmend schwächer und will nicht mehr essen. Auf Drängen der Familie ordnet der Arzt Zwangsernährung an. Sie soll eine Magensonde gelegt bekommen, doch die Frau weigert sich. Der Arzt befindet, dass sie nicht mehr für sich selbst entscheiden kann und legt die Magensonde. Als die Frau versucht, die Sonde selbst zu ziehen, wird sie zu ihrem Schutz festgebunden. Schließlich stirbt sie ans Bett gefesselt an einem Darmverschluss, der durch die Zwangsernährung begünstigt wurde.
Aktive Sterbehilfe meint im Folgenden die Tötung auf Verlangen unter Zuhilfenahme eines Dritten (Arzt, Angehöriger etc.). Das Wort Sterbehilfe steht für die Tötung eines Menschen und nicht für Hilfe im Sterben! Ein sterbender Mensch ist ein lebender Mensch und unser Ziel sollte Leidenslinderung sein. Sterbehilfe will aber den Tod herbeiführen. Dadurch beseitigen wir den *Leidenden* und nicht das Leiden!
In den Manifesten der Befürworter der aktiven Sterbehilfe wird es als Menschenrecht deklariert, seinen Tod selbst zu bestimmen. Der Europäische Gerichtshof in Straßburg hat im Mai 2002 im Falle der 43-jährigen Britin Diane Pretty entschieden, dass aktive Sterbehilfe eben nicht unter den Schutz der Menschenrechte fällt. Die heute so schnell zitierte Formel vom selbstbestimmten und selbstverantworteten Tod ist eine falsche und gefährliche Idealisierung. Sie entsteht nicht so sehr aus Angst vor einer Maximaltherapie, sondern kommt aus einem zunehmenden Solidaritätsverlust unserer Überflussgesellschaft: Jeder, der krank ist und keinen Nutzen mehr hat für die Gesellschaft, soll entsorgt werden. Insofern ist die Diskussion um den selbstbestimmten Tod gesellschaftlich und

ethisch verheerend. Wer ein Recht auf den Tod einklagt, macht das Töten zur Pflicht! Das heutige Verständnis von Selbstbestimmung zielt darauf ab, wählen zu müssen zwischen unzumutbaren Lebensbedingungen oder tot sein zu dürfen.

Alte, Kranke und auf Hilfe angewiesene Menschen werden zum reinen Kostenfaktor reduziert und fühlen sich neben all ihren Schmerzen und Sorgen unnütz und überflüssig. In der Schweiz zeigt sich diese Tendenz auf makabre Weise: Am 1. Januar 2001 hat die Stadt Zürich eine neue Regelung der Tötungsassistenz erlassen. Demnach ist in öffentlichen Pflege- und Altersheimen Suizidbeihilfe möglich. Hier wurde eindeutig auf den Pflegenotstand politisch mit Erleichterung des Zugangs zum Suizid geantwortet.

Natürlich ist es unzumutbar, in einem Pflegeheim dahinzuvegetieren. Karin E. Leiter, eine Mitbegründerin der österreichischen Hospizbewegung, schreibt dazu: »Eine Verbesserung der Situation pflegebedürftiger Menschen setzt eine intensive und ehrliche Auseinandersetzung mit Alter, Krankheit und mit der Begrenztheit des Lebens voraus. Und wir haben die Pflicht, solche Situationen zu verändern, und nicht, diese Menschen vegetieren zu lassen, damit die Tötung dann ein Gnadenakt werden kann. Die Tötung eines Menschen darf nicht verfügbar sein und kann es auch nicht sein! Das Recht auf Selbstbestimmung und das Recht auf palliative, menschenwürdige Begleitung und Betreuung können niemals Gründe für Euthanasie sein! Selbstbestimmung heißt eigentlich: Miteinander stimmig werden, die Grenzen einander zugestehen und achten. Das ist glaub-würdige Begegnung!«[73] Angesichts der Tendenz in Europa zur Legalisierung der Sterbehilfe muss eindeutig der Gestzgeber handeln und die Patientenverfügung juristisch legalisieren. Dann muss niemand mehr die Maximaltherapie fürchten oder nach Sterbehilfe rufen!

Die aktive Sterbehilfe: Holland, Belgien und Deutschland

In den Niederlanden dürfen seit dem 10. April 2001 Ärzte straffrei Todkranke mit der Spritze von ihren Leiden erlösen. Der Senat von Den Haag genehmigte damit weltweit das erste Euthanasiegesetz, wonach das aktive Töten von Personen ab dem zwölften Lebensjahr erlaubt ist. Wer zu einer Zustimmung nicht in der Lage ist, kann auch wegen einer früheren Erklärung getötet werden. Es ist kein Geheimnis, dass in den Niederlanden jährlich mindestens tausend Menschen ohne Einwilligung getötet werden. Eine neue Studie der Erasmus-Universität belegt überdies, dass die als human geltende Euthanasiepraxis in Wirklichkeit sehr brutal sein kann: Bei jedem Vierten, der getötet werden soll, kommt es zu Komplikationen. Opfer aktiver Sterbehilfe wachen mit schweren Schäden aus dem Koma wieder auf! Schon werden von der niederländischen Gesundheitsministerin Els Borst Forderungen erhoben, die Sterbehilfe noch einfacher macht: Eine Selbstmordpille für unheilbar kranke Menschen (»Der Tagesspiegel«, 17. 04. 01)!

Die Legalisierung der aktiven Sterbehilfe stieß in Deutschland allerdings auf einhellige Ablehnung und Empörung. Der evangelische Bischof Wolfgang Huber sieht gar »... das unbedingte Lebensrecht jedes einzelnen Menschen infrage gestellt«. Und der katholische Kardinal Karl Lehmann geißelte ebenfalls den »Dammbruch« in Holland. Auch die Bundesjustizministerin Herta Däubler-Gmelin lehnte sofort jede Art von aktiver Sterbehilfe in Deutschland rigoros ab.

In der deutschen Bevölkerung indes stößt die Sterbehilfe auf breite Zustimmung: Nach einer Umfrage des Allensbach-Instituts im März 2001 sind 64 Prozent der Westdeutschen und

80 Prozent der Ostdeutschen für den Tod auf Verlangen, wenn ein Patient schwer krank ist (»Spiegel« 16/2001). Diese Umfrageergebnisse belegen einmal mehr, wo die Ängste der deutschen Bevölkerung angesiedelt sind: Eine zunehmend vergreisende Bevölkerung fürchtet den Tod unter Schmerzen, einsam auf einer Intensivstation, ausgeliefert an eine Apparatemedizin, die Leben um jeden Preis verlängern will, und fordert das Recht auf Selbstbestimmung auch beim Tod. Insofern wird uns die Diskussion um die Legalisierung der aktiven Sterbehilfe in den nächsten Jahren extrem beschäftigen.

Sterbehilfe kann aber gerade in Zeiten der Kostendämpfung im Gesundheitswesen schnell von wirtschaftlichen Motiven durchdrungen werden. Das wird zu einem tief greifenden Wandel eines abgestuften Lebensrechts führen. Auf dem Hintergrund derartiger Kosten-Nutzen-Erwägungen geht es auch um ein zunehmendes Geschäft mit dem Tod: Die Beihilfe zum Suizid ist überaus gewinnbringend wie auch die Vermarktung von Organen und Körperteilen Verstorbener oder »klinisch Toter«. Ein wesentlicher Faktor praktischer Kosten-Nutzen-Rechnung kann die Einsparung von Kosten durch Behandlungsabbruch oder aktive Sterbehilfe sein, zumal der letzte Lebensabschnitt den Krankenkassen als der kostenintensivste gilt.

Der Wandel im Umgang mit Sterbenden ist nicht zuletzt durch wirtschaftliche Rahmenbedingungen des Staates (Kostendämpfung), die Überalterung der deutschen Bevölkerung sowie durch das neue Betreuungsrecht und Transplantationsgesetz gekennzeichnet. Der steigende extreme Werteverfall unserer Gesellschaft und das Nützlichkeitsprinzip der Bioethik tragen ebenfalls dazu bei, Menschenwürde und Schutz allen Lebens abzubauen. Dabei könnte durch die moderne Palliativmedizin unerträgliches Leiden in den meisten Fällen verhindert bzw.

gelindert werden, wie auch zahlreiche Hospize dafür Sorge tragen, dass niemand alleine sterben muss. Wenn wir aber Sterbenden das Gefühl vermitteln, dass sie anderen zur Last fallen, ist dies schwer wegzutherapieren. Nicht zuletzt gelten Sterbende auch als begehrte Ressourcen für verwertbare Körperteile: Organe, Gewebe, Knochen, Haut, Zellen.

In Belgien wurde am 16. 05. 2002 ebenfalls ein Sterbehilfegesetz verabschiedet, das wegen seiner liberalen Form für weltweites Aufsehen sorgte. Danach ist künftig in Belgien die Tötung auf Verlangen für unheilbar kranke Patienten erlaubt, auch wenn sie nicht in absehbarer Zeit sterben werden. Die Regelung gilt auch für Menschen mit einem dauerhaften psychischen Leiden. Diese Bestimmungen gehen sogar noch über das niederländische Sterbehilfegesetz hinaus. Nach Angaben des belgischen Justizministeriums beschränkt das Gesetz die Sterbehilfe auf mündige Jugendliche und Erwachsene, die im Vollbesitz ihrer geistigen Kräfte sind. Der sterbewillige Kranke muss eine schriftliche Willenserklärung abgeben. Ist er dazu nicht fähig, muss eine Person seines Vertrauens den Wunsch niederschreiben. Wenn sich die Krankheit des Patienten nicht im Endstadium befindet, muss der behandelnde Arzt vor der Sterbehilfe einen zweiten Mediziner konsultieren. Zwischen der Erklärung, sterben zu wollen und der Euthanasie muss mindestens ein Monat liegen.

Die Liberalisierung der Sterbehilfe widerspricht der Europäischen Grundrechtecharta und dem darin verbrieften Recht auf Leben. Der deutsche Bundestagsabgeordnete und Arzt Peter Lise befürchtet, dass damit langfristig erheblicher Druck auf die Schwerstkranken ausgeübt würde, nicht zuletzt von Seiten der Sozialversicherungsträger. Drastischer formuliert dies der Präsident der Bundesärztekammer, Jörg-Dietrich Hoppe: Ohne entschiedenen Widerstand werde es wohl eines Tages dazu

kommen, »... dass schwer kranke Menschen eine Genehmigung einholen müssen, um weiterleben zu können«.[74]
Die Bundesregierung betont, dass es in Deutschland keinen entsprechenden Handlungsbedarf gebe. Das Gesetz ziele in die falsche Richtung, sagte ein Sprecher der Justizministerin Hertha Däubler-Gmelin. Diese hatte sich bereits mehrfach gegen eine Legalisierung der Sterbehilfe ausgesprochen.

Die historischen Einstellungen zum Tod

Um die Hintergründe der aktuellen Debatten über Tod und Sterben besser einordnen zu können, sind die geschichtlichen Einstellungen hierzu von Wichtigkeit. Der Historiker Phillippe Ariès[75] hat in einer Studie zur Geschichte des Todes nachgewiesen, dass die radikalen gesellschaftlichen und individuellen Veränderungen bezüglich der Einstellungen zu Sterben und Tod sich erst in der zweiten Hälfte des 20. Jahrhunderts im Vergleich zu früheren Zeiten extrem gewandelt haben. Über Jahrtausende war der Mensch souveräner Herr seines Todes wie auch der Umstände, die er selber bestimmte. Da wir dringend eine neue Sterbekultur benötigen, können die vier historischen Epochen der Einstellung zum Tod als Folie für ein Umdenken benutzt werden. Diese sind: der gezähmte Tod, der eigene Tod, der Tod des Anderen und der verbotene Tod.

1. Der gezähmte Tod

In früheren Zeiten wusste ein Mensch, wann seine Zeit zum Abschiednehmen gekommen war. Er fühlte es spontan oder der Tod kündigte sich ihm durch einen Fingerzeig an. Die Natürlichkeit, dass ein Mensch den Tod herannahen fühlt, ist auch in der älteren Literatur dokumentiert, z.B. Rolandslied, Tristan, Don Quichotte. Der Tod trat selten überraschend ein. Im Gegensatz zu heute war ein plötzlicher Tod gefürchtet. Der Tod war eine öffentliche Zeremonie und der Sterbende erwartete ihn liegend. Er organisierte selbst das Abschiednehmen und kannte den förmlichen Ablauf. Es wurde öffentlich gestorben im Beisein von Verwandten, Freunden, Nachbarn und den Kindern.

2. Der eigene Tod

Im Hochmittelalter wurde der traditionellen Vertrautheit mit dem Tod ein persönlicher Sinn verliehen. Der abendländische Mensch entdeckt seinen eigenen Tod als Möglichkeit, seine tiefsten Einsichten und Gedanken niederzulegen in Form eines Testaments.

3. Der Tod des Anderen

Vom 18. Jahrhundert an wandelt sich die Einstellung zum Tod. Seine Bedeutung wird nun maßlos übertrieben und dramatisiert. Der Mensch ist nun weniger mit dem eigenen Tod befasst, als mit dem Tod des Anderen. Es ist die Zeit pompöser Beerdigungsrituale, der riesigen Grabmonumente und der Übertreibung der Trauer. In der Literatur zeigt sich dies vor allem im viktorianischen Zeitalter, z.B. bei Charles Dickens mit seinen sentimentalen Sterbebettszenen.
Der eigene, persönliche Tod beginnt sich hinter aufgesetzter Theatralik zu verbergen. In der Romantik wird der Tod hochstilisiert zur Kunst, zur Illusion. Der eigene, gezähmte, vertraute Tod wird zum Objekt. In der zweiten Hälfte des 19. Jahrhunderts wird aus dem vertrauten »Sein-Ende-nahe-Fühlen«

ein »Den-Tod-nicht-Spüren«. Der Sterbende beherrscht nicht länger seine Umgebung und der Kranke wird über seinen Zustand im Unklaren gelassen.

4. Der verbotene Tod

Im 20. Jahrhundert verändert sich die Einstellung zum Tod drastisch und einschneidend. Der vertraute und gegenwärtige Tod verliert sich und verschwindet. Er wird schamhaft ausgesperrt und zum verbotenen Objekt. Mit dem Verschwinden des Sterbenden hinter die Kulissen eines anonymen Krankenhausbetriebes wird eine weitere Bestrebung der Moderne markiert: Die Gesellschaft selbst will sich der gefühlsmäßigen Belastung, der Widerwärtigkeit des Todeskampfes, der Präsenz des Todes nicht länger aussetzen.

Heute ist der Tod dem Menschen völlig aus der Hand genommen. Statt eines individuellen, selbstbestimmten Umgangs mit dem Tod dominieren Funktionalität und Bürokratie. Er ist zum Geschäft geworden. Die Tradition verliert an Bedeutung und die anonyme Beisetzung, die im Trend liegt, verweist auf die veränderten sozialen Beziehungen. Der Kult des Flüchtigen und Vorübergehenden überformt die dauerhafte, zu Stein gewordene Erinnerung der Unsterblichkeit für die Nachwelt.

Die Hospizbewegung als spezielle Form der Sterbebegleitung

Historisch geht die Tradition der Hospizbewegung zurück in die Frühzeit des Christentums. Die großen Mönchsorden wie auch die Bischöfe in den Städten sorgten für Herbergen, die jedem offen standen, der in Not war. Jeder sollte das bekommen, was er brauchte: Schutz und Geborgenheit, Erfrischung, Stärkung und Heilung. Das entsprach dem Sinn einer christlichen Herberge. Schon Mitte des 19. Jahrhunderts richtete ein Schwesternorden in England Hospize ein, um sterbende Menschen aufzunehmen und zu pflegen. Der Tod wurde als Durchgang, als Reise in ein anderes Land des Lebens verstanden.

Im 20. Jahrhundert erfuhr der Hospizbegriff eine Wandlung durch zwei Frauen: Elisabeth Kübler-Ross und Cicely Saunders. Letztere schuf das weltberühmte »St. Christophers Hospice« in London. Die moderne Hospizbewegung fußt auf zwei Säulen: Begleitung und Schmerztherapie. Neu war an dem Konzept von Cicely Saunders, dass der einzelne Mensch im Vordergrund der Bemühungen steht. Das Ende des Lebens soll gut und würdig gelebt werden können. Aus der Erfahrung des Loslassens und des Verlusts entsteht Wachsen und Reifung. In der Sterbebegleitung werden die tatsächlichen Bedürfnisse des Menschen mit neuesten wissenschaftlichen Erkenntnissen der Schmerzlinderung verbunden.

Lindernde Maßnahmen dem sterbenden Patienten gegenüber, menschliche Zuwendung und Begleitung sind die Hauptanliegen der heutigen Hospizbewegung. Bei der Linderung von Leiden auf allen Ebenen geht es nicht nur um körperliche, sondern auch psychische, soziale und spirituelle Schmerzen eines Patienten. Hospiz ist eine Bewegung, die unsere ganze Gesellschaft in Bewegung versetzen will. Der kranke Mensch steht mit seinen Bedürfnissen im Mittelpunkt und wird dabei mit seiner Familie und seinen Freunden aufmerksam wahrgenommen. Das Therapie- und Begleitungskonzept wird mit allen gemeinsam zum Wohle des Patienten und seiner höchstmöglichen Leidenslinderung aufgestellt. Die individuelle Pflege und Begleitung, medizinische Betreuung, soziale Stützung, seelsorgerische und psychotherapeutische Trauerarbeit vor und nach

dem Tod erfordern ein großes, tragfähiges Netz. Nur so kann Lebensqualität gesichert werden.
Für eine gute Sterbebegleitung ist eine ausreichende Schmerztherapie absolut notwendig! Die weltweite palliative Hospizarbeit hat in den letzten 30 Jahren effiziente schmerztherapeutische Erkenntnisse zusammengetragen, die leider von vielen Ärzten und besonders in Deutschland immer noch ignoriert werden. Es muss also keiner unnötig leiden, und das heute vorliegende Wissen geht jeden Menschen an! Wir könnten durch Aufgeschlossenheit dazu beitragen, dass das Netz der Hospizbewegung weiter geknüpft wird.
Jeder sollte darüber Bescheid wissen, was alles getan werden kann, um einen sterbenden Menschen umfassend zu begleiten. Das setzt eine frühzeitige Auseinandersetzung mit dem Tod voraus. Eine Gesellschaft kann aber nur daran gemessen werden, wie sie mit ihren schwächsten Gliedern umgeht. Statt Euthanasie oder aktiver Sterbehilfe können die Möglichkeiten der modernen Palliativmedizin dazu beitragen, Menschen in Würde sterben zu lassen.
Die entscheidenden Impulse für ein menschenwürdiges Sterben gab Elisabeth Kübler-Ross durch ihre Beobachtungen an Sterbebetten. Wie schon in der Geschichte der Sterbeforschung angemerkt wurde, ist es Elisabeth Kübler-Ross zu verdanken, dass wir heute wählen können, ob wir zu Hause, im Hospiz, im Krankenhaus oder Pflegeheim sterben wollen. Sie gründete in Amerika über zweitausend Hospize und war für die europäische Hospizbewegung die Leitfigur. Sie weist noch heute in Interviews darauf hin, wie wichtig die Errichtung von Hospizen für die Sterbenden ist. Aufgrund der zunehmenden Vereinzelung der Menschen in den Großstädten haben viele keine Möglichkeit, zu Hause zu sterben. Hospize dürfen auf keinen Fall den Sparmaßnahmen zum Opfer fallen.

Der ganzheitliche Anspruch der Palliativstationen

Heute wird auf den Palliativstationen von Krankenhäusern versucht, Menschen in der letzten Lebensphase, die medizinisch austherapiert sind, ein möglichst beschwerde- und schmerzfreies Dasein zu ermöglichen. Diese Einrichtungen unterstützen vor allem die Möglichkeit, zu Hause zu sterben. Durch die genaue Dosierung von Schmerzmedikamenten können Tumorpatienten im finalen Stadium schmerzfrei gehalten werden. Wichtig ist dabei, die Patienten beizeiten mit den erforderlichen Medikamenten prophylaktisch zu versorgen.

Trotzdem leiden laut WHO 60 Prozent aller Krebspatienten an mittleren bis schweren Schmerzen. Die Hauptgründe dafür sind die noch immer großen Vorurteile gegenüber Opiaten aus Angst vor Drogenabhängigkeit oder Nebenwirkungen wie Atemdepressionen, Halluzinationen oder Verwirrtheit. Das steht im Widerspruch zu den Ängsten der Schwerkranken und Sterbenden, deren häufigste Angst die vor Schmerzen ist.

Palliativstationen tragen bundesweit dazu bei, dass sich eine Kultur des Sterbens wieder herausbilden kann. Der Anspruch des Palliativkonzeptes ist hoch. Es erfordert Ärzte, die für den Umgang mit Sterbenden speziell ausgebildet sind nebst einem guten Wissen über schmerztherapeutische Maßnahmen. Es findet eine permanente Auseinandersetzung mit dem eigenen Tod statt, mit Trauer über Verluste, Abschiednehmen und Loslassen. Darüber hinaus wird zusätzliche professionelle Hilfe angeboten, damit verschiedene Therapien von Patienten genutzt werden können, z. B. Entspannungsübungen, Musik- und Atemtherapie, Malen etc. Auch die Miteinbeziehung der Familien gehört zu den wichtigsten Prinzipien palliativer Betreuung.

Der Sterbeprozess nach Elisabeth Kübler-Ross

Die Schweizer Ärztin und Psychiaterin war die Erste, die den Sterbeprozess in verschiedene Phasen einteilte. Diese Einteilung lässt persönliche Abweichungen weitgehend unberücksichtigt. Manche Sterbende durchlaufen nicht alle Phasen, weil sie feststecken. Dennoch ist das Prozesshafte des Sterbegeschehens mustergültig festgehalten. An diesem Modell erkennen wir, dass Sterben eine eigene Dynamik hat. Auch in dieser letzten Lebensspanne ist noch Veränderung, Neubeginn und Wandlung möglich (vgl. »Auch Du lebst ewig«).
Elisabeth Kübler-Ross beschreibt ihr Anliegen noch heute mit folgenden Worten: »Mögen durch meine Arbeiten diejenigen Trost und Mut schöpfen, die immer noch Angst haben vor einem Geschehen, das im Grunde so natürlich ist wie die Geburt. Geburt und Tod bedeuten Veränderungen, Neuorientierungen, oft Schmerz und Leid, aber auch Freude, engere Bindung und einen neuen Anfang.«[76]

Die Sterbephasen

Im Folgenden sollen die fünf Phasen des Sterbens nach Elisabeth Kübler-Ross erläutert werden, da die äußeren Sterbephasen mit den inwendigen, die im nächsten Kapitel beschrieben werden, eine direkte Beziehung zum Nahtodkode aufweisen. Die letzte Lebensspanne von Schwerkranken und sterbenden Menschen wird in folgende Abschnitte, (»Sterbephasen«) eingeteilt:
1. Nicht-wahrhaben-Wollen, 2. Auflehnung, 3. Verhandeln,
4. Depression, 5. Annahme.

Es sei darauf verwiesen, dass der Sterbeprozess kein lineares Geschehen darstellt. Die einzelnen Stadien des Sterbens stehen nicht unverbunden nebeneinander, sondern sind vielmehr mit- und ineinander verwoben. Sie machen sich auch nicht immer direkt bemerkbar, sind sprunghaft. Mancher scheint in einer Phase stecken zu bleiben, andere durchlaufen den Prozess sogar mehrfach.

Grundsätzlich ist es wichtig zu wissen, dass die Sterbephasen Ausdruck sind von der Wandlung unseres Geistes, unserer persönlichen Einstellung zu uns selbst und dem nahenden Tod. Sie spiegeln das Hin- und Herpendeln unserer Gefühle wider. Das Phasenmodell bezieht sich vor allem auf Situationen, in denen sich das Sterben über einen längeren Zeitraum hinzieht. Der letzte Entwicklungsprozess wird direkt vom Sterbenden selbst über das Bewusstsein aufgenommen und gestaltet.[77]

Erste Phase: Nicht-wahrhaben-Wollen

Wenn Menschen mit einer Diagnose konfrontiert werden, die zum Tode führen wird, löst dies zunächst einen tiefen Schock aus. Das Innere des Betroffenen bäumt sich auf gegen diese bedrohende Realität. Er will es nicht wahrhaben: »Nein, nicht ich!«

Die Reaktion der Menschen auf einen solchen Schock ist verschieden: Mancher verliert den Halt, ist wie gelähmt, andere verdrängen, stecken den Kopf in den Sand. Sie wollen diese Wirklichkeit nicht wahrhaben. Mancher ist ignorant und versucht, weiterzuleben wie bisher, ein anderer pilgert von Klinik zu Klinik, um den vermeintlichen »Irrtum« aufklären zu lassen. Seelisch kann es zu extremen Gefühlsschwankungen kommen und Verdrängen wird zum Gegengewicht der Lebensbedrohung. Alltägliche Routine im Beruf wie privat wird zum einzigen Halt in einer Welt, die ins Wanken geraten ist. Der Schock löst sich nur langsam, bis allmählich begriffen werden kann, was die Diagnose bedeutet. Ängste können benannt und geäußert werden, Bedürfnisse und Hoffnungen beschrieben werden. Gerade in der Nacht, in der Stille und Einsamkeit, in der Dunkelheit der vertrauten Umgebung können Wege aus der Erstarrung angesichts der Todesdiagnose erkannt werden, obwohl am Tage das Muster des Verdrängens und Verleugnens weiterhin vorherrscht. Es braucht viel Zeit und das liebevolle Verständnis der Begleiter, bis das Verdrängen aufgegeben werden kann.

Es ist wichtig, den Betroffenen seine Meinung äußern zu lassen. Der Respekt vor der Meinung des anderen, vor den momentanen Möglichkeiten, wie sie sind, ist hier absolut wichtig. Die Abwehr unangenehmer Dinge ist ein weit verbreitetes Phänomen, weil wir alle viele Dinge auf »später« verschieben, mit denen wir uns nicht auseinander setzen möchten. Das ist leider schon im aktiven Leben so, dass zu viele wichtige Dinge verschoben werden und die Gelegenheit des Hier und Jetzt vertan wird, an Reife und Wachstum zu arbeiten. Kübler-Ross hat uns ebenfalls darauf aufmerksam gemacht, dass Verdrängen, Verleugnen und damit verbundene Verhaltensweisen auch dem Bedürfnis des Begleiters entsprechen können, da die Konfrontation mit Sterbenden eine große eigene seelische Herausforderung darstellt.

Die typischen Merkmale dieser ersten Phase des Nicht-wahrhaben-Wollens sind zusammengefasst: Schock, Verdrängen, Leugnen, Stimmungslabilität.

Beispiele entsprechender Äußerungen der Betroffenen sind: »Nein, nicht ich! Ich bin wie gelähmt! Ich kann es nicht glauben! Ich fühle mich so hilflos! Meine Gedanken kreisen nur um die Diagnose! Ich bin starr vor Schreck!«

Die wesentlichsten Punkte in dieser Phase sind für den Begleiter: abwarten, zuhören, nicht widersprechen, Gesprächsbereitschaft signalisieren.

Zweite Phase: Auflehnung

Die zweite Phase des Sterbeprozesses ist die Phase der aufbrechenden Emotionen. Wenn das Verdrängen aufgelöst werden kann und die Wirklichkeit erkannt wird, steigen gewaltige Gefühle auf. »Warum ich?« ist die zentrale Leitfrage, wobei die ganze Bandbreite negativer Gefühle durchlaufen wird: Wut, Zorn, Hadern mit sich und seinem Schicksal, mit Gott und der Welt drücken sich in aggressivem Verhalten, ständigem Nörgeln und Kritisieren der Umwelt aus. Manche tyrannisieren das Krankenhauspersonal, Angehörige fühlen sich vor den Kopf gestoßen. Die Starre des Verleugnens weicht den zutage tretenden Emotionen. Wenn das auch sicherlich die schwierigste Phase in der Begleitung für Angehörige oder Krankenpflegepersonal bedeutet, ist der Prozess der aufbrechenden Gefühle für den Patienten ein Segen. Die Persönlichkeit des Betreffenden ist dann von ausschlaggebender Bedeutung für die konkreten Formen des Ausagierens seiner Gefühle. Die Bandbreite möglicher emotionaler Äußerungen reicht vom ängstlichen Ausklammern, hilfesuchendem Mitteilungsbedürfnis über wütende Ablehnung, Tyrannei, Aggression und Wut. Der Sterbende ist in dieser Phase der aufbrechenden Emotionen unkalkulierbar, was es für den Begleiter schwierig macht.
Für ihn ist es vor allem wichtig, sich nicht verwickeln zu lassen und das Gesagte ernst, aber nicht persönlich zu nehmen. In diesem inneren Aufruhr der Gefühle ist sein Verständnis und Dasein, seine Zuwendung statt Isolierung besonders gefordert. Das Unterscheiden zwischen dem, was mich persönlich betrifft

und dem, wo jemand als Sündenbock oder Stellvertreter herhalten muss, ist selbst für professionelle Hilfskräfte nicht immer einfach. Bei dem Sterbenden ist es die Auflehnung gegen das eigene Schicksal sowie die für ihn bestürzende Einsicht, dass vieles, was für die Zukunft geplant war und viel Unerledigtes, was auf später verschoben wurde, nun nicht mehr Wirklichkeit werden kann. Das lässt ihn zornig, wütend und aggressiv werden.

Die typischen Merkmale der zweiten Phase der Auflehnung sind zusammengefasst: Wut, Zorn, Hass, nörgeln, kritisieren, Selbstanklage, Schuldzuweisungen. Beispiele entsprechender Äußerungen sind: »Warum ich? Meine Wut ist grenzenlos! Alles geht mir auf die Nerven! Mit mir nicht! Ich traue keinem mehr! Warum ist Gott so ungerecht?«

Die wesentlichsten Punkte für den Begleiter in dieser Phase sind: nichts persönlich nehmen, verständnisvolle Zuwendung, nicht werten, aktives Zuhören, aber auch abgrenzen können.

Dritte Phase: Verhandeln

Wenn die Phase der Auflehnung überwunden wird, stellt sich eine Zeit des Verhandelns mit Gott und der Welt ein, wobei als Gegenleistung eine Verlängerung des Lebens erwartet wird. Aus dem wutschnaubenden, ewig nörgelnden Patienten wird plötzlich ein angenehmer, umgänglicher Mensch. Das Verhandeln mit seinem Schicksal geschieht sowohl auf konkreten Alltagsebenen wie auch auf der spirituellen Ebene. Patienten geben Versprechen ab im Austausch mit der Abtrotzung einer längeren Lebenszeit.

Das ist die Phase, in welcher unerledigte Dinge in Angriff genommen werden, letzte Anweisungen getroffen und Testamente verfasst werden. Vor allem auf der spirituellen Ebene

wird mit Gott verhandelt: »Wenn ich die Hochzeit meines Sohnes noch mitfeiern kann, spende ich der Gemeinde einen höheren Betrag, gehe regelmäßig in die Kirche etc.« Der Patient schöpft Hoffnung, dem Tod noch einmal davon zu kommen. Das scheinbar Endgültige seines Schicksals wird abzuwenden versucht. Er ist auch bereit, alle möglichen therapeutischen Maßnahmen auszuschöpfen.
Es ist darauf hinzuweisen, dass es auch viele »stille Verhandler« gibt, die eine besondere Aufmerksamkeit und viel Verständnis vom Begleitenden erfordern. Die Phase des Verhandelns stellt eine Strategie dar, der Realität des nahen Endes aus dem Weg gehen zu können. Vorsicht ist auch geboten vor unrealistischen Plänen und Erwartungen. Das erfordert oft auch Abgrenzung und Distanz. Die typischen Merkmale der dritten Phase sind zusammengefasst: hoffnungsvoll sein, kooperativ, aktiv und umgänglich.
Beispiele entsprechender Äußerungen sind: »Ja, es trifft mich, aber ... Wenn Gott mich nur noch ein Jahr leben lässt! Ich nehme alle Behandlungen auf mich, wenn ...« Die wesentlichsten Punkte für den Begleiter sind: Hoffnung zulassen, jedoch keine unrealistischen Hoffnungen wecken, Strategien und Inhalte des Verhandelns nicht bewerten, vor allem »Wortbrüchigkeit« nicht persönlich nehmen.

Vierte Phase: Depression

Wenn der Sterbende irgendwann begreift, dass alle seine Bemühungen nicht zu dem gewünschten Ergebnis geführt haben, setzt eine große Traurigkeit ein. Ein Freikaufen oder Herausschwindeln aus der Realität, sterben zu müssen, ist nicht mehr möglich. In diesem Stadium der Depression gesteht er sich ein: »Ja, ich!« Zum einen handelt es sich um eine tiefe Niedergeschlagenheit (reaktive Depression) auf alle vergangenen Verluste, auf ungelebte Möglichkeiten, Versäumnisse, Unterlassungen. Zum anderen geht es um eine Depression, die man auch als voraussehende Traurigkeit bezeichnen könnte. Der Sterbende begreift, dass er alles, was ihm wichtig war, Menschen wie Dinge, zurücklassen muss. Es ist der Vorbereitungsschmerz auf alle anstehenden Trennungen und Abschiede. Der Unausweichlichkeit des eigenen Todes wird ins Auge geblickt, ein Rückzug in die Gedankenwelt erfolgt und im Inneren wird eine Lebensbilanz gezogen. Für den Begleiter ist es wichtig, die Depression beim Sterbenden zuzulassen und keine oberflächlichen Versuche zu unternehmen, abzulenken oder zu vertrösten. Es geht um das Verständnis, dass es traurig ist, alles hinter sich zu lassen. Von außerordentlicher Wichtigkeit ist es, keine Wertung über Leben und Einsichten aus der Lebensbilanz des Patienten vorzunehmen, was Ruhe, Geduld und Respekt vor der individuellen Form des Abschiednehmens bedeutet.

Einfühlsame Begleitung in dieser Phase bedeutet auch, sich über die eigenen Verlust- und Abschiedsgefühle klar zu sein, sie aber nicht in die Beziehung zum Patienten einfließen zu lassen. Der Begleiter muss sich abgrenzen können, aber gleichzeitig Verständnis für die Situation des Sterbenden aufbringen: Der Weg des Sterbenden durch Depression und Verzweiflung führt zu wichtigen Einsichten über sein Leben, kann Ungeklärtes zu einer inneren Klärung bringen, wobei die Auseinandersetzung mit Schuld und Konflikten des Lebens in einer Lebensbilanz bzw. Lebensrückschau wichtige Loslassungsprozesse fördern. Der Patient wird nun unerledigte und ungeregelte Dinge zu einer Lösung bringen (z.B. Testament, Übergabe, Besitz). Die positive Bewältigung des Sterbenden führt ihn zur letzten Stufe seines Lebensweges: in die Phase der Annahme.

Die typischen Merkmale der vierten Phase sind: Trauer, Tränen,

Rückzug, depressive Erstarrung, Angst, Sinnfrage, Lebensbilanz. Entsprechende Äußerungen sind: »Ja, ich! Ich schaue zurück! Es wird mir bewusst, was alles nicht mehr sein kann. Ich habe Angst vor dem Sterben! Was bleibt von mir?« In der Begleitung ist es wesentlich, Tränen und Trauer zulassen zu können. Nicht ablenken oder vertrösten ist nun gefordert, sondern Verständnis, Dasein und Hilfestellung bei Dingen, die noch erledigt werden können.

Fünfte Phase: Annahme

In diesem letzten Stadium stellt sich beim Patienten Ruhe und Zufriedenheit ein. Als Folge der verschiedenen Kämpfe der vorangegangenen Phasen ist der Sterbende physisch und psychisch erschöpft, aber er hat in sein Schicksal eingewilligt. Er kann seinen Tod annehmen oder als Erlösung betrachten und sich selbst sagen: »Ja, ich sterbe!«
»Wenn man ihm gestattet zu trauern, wenn sein Leben nicht künstlich verlängert wird und wenn seine Familie gelernt hat, sich zu fügen, wird er imstande sein, in Frieden und Einverständnis zu sterben«, sagt Kübler-Ross dazu. Manchmal ist es allerdings nicht leicht, zwischen Resignation und echter Anteilnahme zu unterscheiden. Resignation stellt sich als eine Art müder Zustimmung ein oder gar als Sich-Aufgeben, da das Gefühl vorherrscht, nichts mehr tun zu können. Insofern ist die Begegnung eines Sterbenden in dieser letzten Phase vor dem Tod besonders wichtig. Durch das Wissen um die besondere Sensibilität des Sterbenden ist die Begegnung als Mitmensch besonders wichtig. Auch Körperkontakt sollte ermöglicht werden. Handhalten und Berührungen vermitteln dem Sterbenden, dass er nicht alleine ist und in Geborgenheit und Sicherheit loslassen kann.

Die typischen Merkmale dieser letzten Phase im Sterbeprozess der Annahme sind: ein friedlicher Zustand, Erschöpfung, Gelöstheit und große Sensibilität. Beispiele entsprechender Äußerungen sind: »Ja, ich! Ich mache mir um das Morgen keine Sorgen! Der Tod macht mir keine Angst! Ich erlebe alles intensiv!« In der Begleitung kommt es nun darauf an, sich Zeit zu nehmen und für den Sterbenden da zu sein, letzte Wünsche festzuhalten. Auch ein Rückzug ist zu akzeptieren und natürlich ist Körperkontakt besonders wichtig.

Die beschriebenen Phasen nach Kübler-Ross stellen einen Rahmen dar, die Vorgänge bei einem Sterbenden einzuordnen und zu verstehen. Der Tod ist ein unausweichlicher Teil unseres Lebens. Wir können ihn nicht abwenden, ebenso wenig wie Trennungsschmerz abgewendet werden kann, der durch den Tod eines geliebten Menschen verursacht wird. Aber wir können die Menschen daran teilhaben lassen, was wir heute über den Tod und das Sterben wissen.
Wenn wir wieder bereit sind, frühzeitig im Leben dazu eine Einstellung zu erreichen, dann wissen wir, wie wichtig es ist, dem Sterbenden nahe zu sein. Der Widerwille, über den Tod zu reden, muss überwunden werden, damit wir lernen, mit sterbenden Menschen umzugehen. Die Sterbenden brauchen unsere Liebe, unser Da-Sein. Die Kenntnis der oben beschriebenen fünf Phasen ermöglicht uns, die Vorgänge und Abläufe des Sterbens zu verstehen.
Elisabeth Kübler-Ross konzentrierte sich in ihren Darlegungen auf ihre Wahrnehmungen an Sterbebetten. Sie beschrieb den äußerlich sichtbaren Prozess des Sterbens. Das Reifwerden zum Tode beinhaltet aber auch den inwendigen Prozess der Wandlung. Heute ist es wichtiger denn je, die Vorgänge des inneren Wachsens und Reifens beim Sterben zu begreifen.

Es ist auffällig, dass sich Wahrnehmungsverschiebungen und Bewusstseinserweiterungen vollziehen, die in manchem dem Kode der Nahtoderfahrung ähnlich sind. Das Modell von Kübler-Ross liegt auch dem Trauerprozess zugrunde.

Trauer

Wir alle machen während unseres Lebens immer wieder Erfahrungen von Verlust oder Trennung. Leben ist ständige Veränderung und nichts bleibt in der Entwicklung stehen. Wir leben im Hier und Jetzt, das der einzige Augenblick ist, wo wir neue Entscheidungen für unser Leben treffen können. Alles andere ist vergänglich und jeder von uns stirbt viele kleine Tode in seinem Leben. Es gibt keine Sicherheit vor den Wechselfällen des Lebens.

Die daraus resultierende Erfahrung ist die des Traurigseins und der Trauer. In der Praxis zeigt sich, dass Trauer wesentlich macht. Das Thema des Loslösens und Abschiednehmens ist mit der Möglichkeit verknüpft, den eigenen Weg im Leben zu finden. Dieser Wechsel von Bindung und Trennung geht durch die gesamte Entwicklung eines Menschen. Jede Ablösung wird als etwas Schmerzhaftes empfunden. Sie geht mit Verunsicherung, Verzweiflung und Suche nach dem Verlorenen einher. Ob es sich dabei um den Verlust eines Menschen handelt, ein Gefühl, eine nicht gelebte Möglichkeit oder einen Gegenstand der Begeisterung, wir müssen ständig eine adäquate Form des Abschiednehmens finden. Jeder weiß im tiefsten Innern um die Tatsache der Vergänglichkeit und Abschiedlichkeit des Lebens. Jeder schafft sich im Laufe seiner Entwicklung Möglichkeiten zur Trauerverarbeitung. Dieses Wissen gibt uns Mut und Kraft, das Leben immer wieder neu zu wagen!

Tod und Trauer

Der Tod eines nahe stehenden Menschen erschüttert jeden in den Grundfesten der eigenen Existenz. Alles was war, wird radikal infrage gestellt und bringt uns an die Grenzen unserer Belastbarkeit. Der Tod eines Menschen ist nicht nur die Vorwegnahme des eigenen Sterbenmüssens, sondern ein Teil von uns selbst stirbt mit dem geliebten Menschen. Im Gegensatz zu allen anderen Verlusten und Trennungen unseres Lebens ist der Tod endgültig. Eine Welt von Möglichkeiten der Selbstverwirklichung wird beendet:

1. Erlebnisse, die in dieser Weise nur mit diesem Menschen möglich sind.
2. Das Gefühl der eigenen Einzigartigkeit in dieser Beziehung.
3. Erfahrungen mit und am anderen, die ausschließlich an diese Person gebunden sind.
4. Gespräche, Ideen, Berührungen, die nur diesem einen Menschen in einer ganz bestimmten Art und Weise geschenkt wurden, die nur in dieser Beziehung den nötigen Rahmen gefunden haben.
5. Das gemeinsame Erleben bestimmter Orte und Situationen, das nie wieder mit einem anderen teilbar sein wird.

Da seelische Prozesse niemals gradlinig verlaufen, nehmen sie eigene Wege. Das betrifft besonders den Trauerprozess, da jeder auf individuelle Weise unterschiedlich verläuft. Aufgrund der diffusen Ballung von Gefühlen, Gedanken und körperlichen Reaktionen sind die auftretenden Reaktionen sehr unterschiedlich. Trauer gehört zu unserem Leben und ist eine spontane natürliche Reaktion unserer ganzen Person auf Verluste und Trennungen sowie die Möglichkeit, Abschied zu nehmen. Wie beim Sterben gibt es auch hier Phasen, die durchlaufen werden.

Trauerphasen

Jedes prozesshafte Geschehen ist dadurch gekennzeichnet, dass es einen klaren Beginn und ein klares Ende hat. Im Folgenden wird das Modell der Trauerphasen von Verena Kast, einer Schweizer Psychologin, vorgestellt, welches als eines der wichtigsten Grundlagen für ein Verständnis des Trauerprozesses angesehen wird. Es ist angelehnt an das schon ausführlich erläuterte Modell von Elisabeth Kübler-Ross.

Erste Trauerphase: Nicht-wahrhaben-Wollen

In der ersten Phase kann der Tod häufig nicht realisiert werden. Der Betroffene befindet sich in einem Schockzustand. Die eigenen Gefühle werden nicht wahrgenommen. Viele haben das Gefühl, alles in und um sie ist zerbrochen. Die Welt ist aus den Fugen geraten. Der innere Schmerz kommt in Wellen an die Oberfläche, bleibt aber zunächst in Erstarrung gefangen und kann nicht ausgelebt werden. Dieser Zustand kann von Stunden bis zu einer Woche dauern, wobei diese Phase vor allem bei plötzlichen Todesfällen deutlich länger ist.

Zweite Trauerphase: aufbrechende Emotionen

Nun bahnen sich die Gefühle ihren Weg. Leid und Schmerz, Wut, Zorn, Freude, Traurigkeit und Angst kommen hoch. Die Gefühle vermischen sich. Die emotionalen Reaktionen einer Person stehen mit ihrer Persönlichkeit in Verbindung. Ängstliche Menschen bekommen Angstgefühle bis hin zu Katastrophenträumen. Andere neigen zu Wut und Zorn, zu Beschuldigungen gegen Ärzte oder andere Beteiligte. Der Zorn kann sich auch gegen den Verstorbenen richten, weil man sich im

Stich gelassen fühlt. Es kann auch zu Gereiztheit, Lustlosigkeit, Apathie oder Depression kommen.

Dritte Trauerphase: suchen und sich trennen

Auf jeden Verlust reagieren wir mit Suchen. Vor allem nach dem Tod eines geliebten Menschen wird dieser im Innen wie im Außen gesucht, da wir mit ihm ganz bestimmte Erlebnisse, Erfahrungen und Lebensräume teilten. Orte, die Verbindung bedeuten, werden aufgesucht. In den Gesichtern von Fremden wird nach den geliebten Gesichtszügen gesucht. Es kann zu einer inneren Identifikation mit dem Verstorbenen kommen, wobei eine zu intensive Auseinandersetzung auch zu Suizidgedanken führen kann. In diesem langen Prozess des Abschiednehmens kommt es dann irgendwann zum Sich-Trennen vom Verstorbenen, zum Loslassen.

Vierte Trauerphase: neuer Selbst- und Weltbezug

Wenn der Zeitpunkt erreicht ist, wo der Verlust eines Menschen akzeptiert werden kann, kreisen die Gedanken, Phantasien, Gefühle und Handlungen nicht mehr ausschließlich um den Verstorbenen. Es ist nun wieder möglich, das eigene Leben zu gestalten. Das Durchleben eines intensiven Trauerprozesses hinterlässt allerdings tiefe Spuren. Nach Ende der Reise durch das Land der Trauer kann es zu einem völlig neuen Selbstverständnis kommen, da sich der grundsätzliche Bezug zur Welt verändert hat. Im günstigsten Fall ist eine intensive Trauer ein Wachstums- und Reifungsprozess, in dem der Sinn des Lebens tiefer als je zuvor erkannt wird. Selbstachtung und Befreiung stellen sich ein, und das Leben kann neu gestaltet werden.

Über den Umgang mit Trauernden

Natürlich verläuft kein Trauerprozess wie der andere, da dieser wie das Sterben ein individueller Vorgang ist. Jeder von uns hat seine eigene Art und Weise damit umzugehen. Wichtig ist es zu wissen, dass es keine Vorschriften von richtig oder falsch dabei gibt. In letzter Konsequenz geht es um das Loslassen-Können, dennoch sei hier darauf verwiesen, dass genau das unterschiedlich Zeit erfordert. Gerade bei einem plötzlichen Tod durch Unfall oder Selbstmord kann es Jahre dauern, bis ein Angehöriger mit seinem Verlust fertig wird.

Der Trauerprozess verläuft auch nicht linear im Sinne unseres Modells. Jeder Trauernde muss selber für sich herausfinden, was für ihn in der Bewältigung seines Schmerzes hilfreich ist. Das kann auch bedeuten, dass er sich an ein Medium wendet, um die Gewissheit zu erlangen, dass der Verstorbene noch lebt. Oder der Trauernde erlebt die Dinge, die schon im Kapitel Kontakte mit Verstorbenen beschrieben wurden. Hier ist die Fähigkeit des anderen gefordert, zuhören zu können und den Betroffenen zu respektieren.

Es gibt keinen endgültigen Tod, und es ist völlig normal und vor allem hilfreich, wenn Gegenwartsempfinden oder Begegnungen im Traum mit den Verstorbenen berichtet werden. Das ist keineswegs ein Wunschdenken oder Halluzination, sondern ein realer Bestandteil unseres Lebens. Die Begegnung mit fremder Trauer berührt immer auch die eigene Befindlichkeit und Biographie. Deswegen verweisen wir Trauer gerne in eine Zuständigkeitsecke (Psychologe, Seelsorger usw.). Trauer wird als Sondersituation angesehen, obwohl sie zum Leben gehört und unser Leben prägt. Das Leben in seinen Krisen, Verlusten und Veränderungen bewegt sich immer in einer Trauerspirale. Trauer wird deswegen als Störung empfunden, weil ein Idealbild von Beziehung vorherrscht, mit der Messlatte der heiteren, unkomplizierten, nur die Entspannung und Freuden des anderen teilenden Verbindung.

Im Falle des Todes eines Nachbarn, Freundes oder Bekannten wird häufig Anteilnahme vermieden, weil die Vorstellung besteht, unbedingt wirksamen Trost und nachhaltige Hilfe leisten zu müssen. Hinter der Äußerung: »Ich weiß nicht, was ich sagen soll!« steckt oft der hohe Anspruch, das Richtige und Passende zu sagen, als ob es das Richtige oder das Passende gäbe.

Das Naheliegende: »Ich weiß nicht, was ich sagen soll, aber ich bin hier!« wird häufig nicht in Betracht gezogen. Wir können keinen Menschen trösten, wenn wir unter Trost das Ende der Qualen und die Auflösung der Verzweiflung verstehen. Trost ist bestätigende und beruhigende Zuwendung in einer Lage, die in Wirklichkeit keine Erwartungen und Hoffnung auf schnelle Linderung zu hegen erlaubt, in der man sich aber auch Täuschungen und Lügen versagt. Tröstend ist, was dem Leidenden Bestätigung, Raum und Erlaubnis gibt.

Die Anerkennung und Achtung des Trauerschmerzes ist wohltuend für den Trauernden. Er muss sich nicht für seine vermeintliche Schwäche entschuldigen und erklären, warum er leidet. Indem der andere seinen Schmerz bestätigt, vermittelt er: »Du bist in Ordnung. Was du fühlst, ist in Ordnung. Es ist erlaubt, so zu empfinden und ich halte dich in deinem Schmerz eine Weile aus.«

Diese Anerkenntnis ist das oberste Prinzip jeder Begleitung Trauernder und von jedem leistbar. In der Bestätigung fühlt sich der Leidende verstanden, kann durchatmen und braucht seine Kraft nicht zur Beweisführung seiner Gefühle. Wir müssen nicht ständig reden oder leisten, sondern nur einen Raum bereiten, wo der Trauernde sich fallen lassen kann, weil er

Verständnis spürt. Wichtig ist es, dem Trauernden die Erlaubnis zu vermitteln, sich nicht zusammenreißen zu müssen und ihn nicht mit »du sollst« oder »du musst« zu konfrontieren. Jeder Trauernde hat seinen eigenen Prozess, in dem es niemals *Muss-Vorschriften* gibt, da die Gewalt auftretender Gefühle bei jedem anders verarbeitet wird. Begleiter dürfen sich hilflos fühlen, sie brauchen keine Phasen-Modelle zu kennen. Sie dürfen ihre Angst spüren.

Der folgende Satz von Adorno könnte für alle Trauernden den Hintergrund vermitteln, ob sie sich anvertrauen und somit Leitbild für alle Begleitenden sein können: »Geliebt wirst du einzig, wo schwach du dich zeigen darfst, ohne Stärke zu provozieren.«

8. KAPITEL

Die Erweiterung des »Fünf-Phasen-Modells«

In diesem Kapitel erfahren Sie

- was beim Sterben im Inneren eines Menschen vor sich geht

- dass der Kode der Nahtoderfahrung auch beim Sterben erkennbar ist

- warum unerledigte Geschäfte so wichtig sind

- dass Angst nicht die letzte Erfahrung ist

- wie sich das Bewusstsein Sterbender erweitert

Wandlung im Sterbeprozess

Sterben ist nicht nur ein phasenhafter äußerer Prozess, sondern beinhaltet ein tieferes inwendiges Geschehen, das zum Annehmenkönnen des eigenen Todes führen kann. Es handelt sich um einen zutiefst geistig-spirituellen Vorgang, der mit der Abarbeitung der unerledigten Geschäfte zu tun hat. Erst dann kann die so genannte Wandlung zur Annahme des bevorstehenden Todes führen.

Die Abläufe der Nahtoderfahrung zeigen sich ebenso im Sterbeverlauf wie es im Folgenden genau beschrieben wird. Diese subtilen Vorgänge auf dem Sterbebett werden vom Pflegepersonal und den Angehörigen immer noch als Halluzinationen, Angstabwehr oder Irresein abgetan und nicht selten mit Psychopharmaka unterdrückt. Dadurch wird einem Sterbenden seine Würde abgesprochen.

Im Prozess der Wandlung steckt trotz seiner Endgültigkeit (= der sich nun nahende, unausweichliche eigene Tod!) die Wende zum Annehmenkönnen des Todes, wodurch der Sterbende loslassen kann, um sich in die Ewigkeit fallen zu lassen. Das persönliche Ich (Ego) stößt im Sterben auf seine Grenzen. Ab einem bestimmten Punkt muss das Individuum aufhören zu denken und verstehen zu wollen. Es wird ein Zustand erreicht, wo der Einzelne nicht mehr selbst den Verlauf des Geschehens bestimmt und ihn selbst nicht länger kontrollieren kann. Das Ich muss zulassen, was ihm geschieht. Ein radikales Loslassen-Können ist nun gefordert. Der Sterbende muss nun jegliche Selbstbestimmung aufgeben, um sich dem Unbekannten, Neu-

en öffnen zu können. In diesem schwierigen Prozess des endgültigen Loslassens ist Gottvertrauen und Hoffnung auf ein Weiterleben von ausschlaggebender Bedeutung. In den Worten von Sterbenden kann sich dies so ausdrücken:
»Angst habe ich eigentlich nicht. Es geht ja wie in der Natur nichts verloren«, »Drüben kann mir nichts etwas anhaben«, »Ich werde gestorben.« Sterben ist in letzter Konsequenz niemals Auslöschung, sondern eine Öffnung für den Übergang in eine andere Form des Seins. Wer wirklich loslässt, erlebt eine sich verschiebende Wahrnehmung und eine einhergehende Bewusstseinserweiterung.
Das bedeutet, dass wir manchmal geistig voll da sind, dann aber wieder Schmerz empfinden. Durch inneres Loslassen sind wir dann plötzlich wie weggetreten und empfinden keine Schmerzen. Es ist sozusagen ein Hin- und Hergleiten zwischen Innenwelt und Außen. Das beinhaltet das tröstliche Wissen, dass nicht jeder, der von außen gesehen so daliegt, auch wirklich leidet. Schmerzen und Unwohlsein erfahren Linderung durch das Annehmen des bevorstehenden Todes. Die Frage »Warum ausgerechnet ich?« wandelt sich zu der Einwilligung: »Warum nicht ich?« Das ist der Wendepunkt, die Wandlung im Sterbegeschehen.

Die Rolle der Angehörigen

Für einen guten Sterbeverlauf ist es von ausgesprochener Wichtigkeit, dass auch die Angehörigen lernen, loszulassen. Der Sterbende selbst befindet sich ab einem bestimmten Punkt in einem Transformationsprozess, wo er bewusstseinserweiternde Erfahrungen macht und sich seine Wahrnehmung verändert. Die Lebensenergie zieht sich zurück, die Arbeit des Ner-

vensystems wird herabgesetzt, Atmung und Herz werden langsamer. Das führt auch dazu, dass nicht länger eine Nahrungsaufnahme gewünscht wird. Der sterbende Mensch schläft nun viel und die energetische Schwingung seines Körpers verändert sich, was zu einer erhöhten Bewusstheit führt. Nun beginnen die Wahrnehmungen außerhalb des Körpers und der Sterbende sieht die uns umgebende geistige Welt. Sterbende berichten häufig davon, dass sie von Verstorbenen abgeholt werden oder Geistwesen und Lichterscheinungen sehen. Gleichzeitig ist er nun imstande, seine Umgebung genauer zu erfassen. Er bekommt in eindringlicher Weise die Wünsche und Ängste anwesender Angehöriger mit. Wenn die Trauer und das Nichtloslassen-Können der Anwesenden übermäßig stark ausgeprägt ist, kann ein solches Verhalten den Sterbeprozess verzögern, da sich der Sterbende zurückgehalten fühlt und seinen Übergang nicht endgültig vollziehen kann. Deshalb ist es für jeden von uns überaus wichtig, trotz allem Schmerz wegen des Verlustes eines geliebten Menschen, einen Sterbenden gehen lassen zu können. Erst wenn der Sterbende sich mit seinem Bewusstsein angstfrei auf sein Außen einstellen kann und der Körper nicht länger im Zentrum der Aufmerksamkeit steht, stellt der Betroffene fest, dass Angst nicht die letzte Erfahrung ist. Er merkt, dass er sie hinter sich lassen kann und kann nun friedlich sterben. Leider sind sich die Angehörigen häufig nicht bewusst, dass Sterbende genauestens ihre Gefühle mitbekommen, selbst dann, wenn sie sich schon im Koma befinden. Man sollte sich klar machen, dass auch komatöse Patienten mit ihrem Bewusstsein die Umwelt wahrnehmen. Aufgrund dieser Zusammenhänge sollte seitens der Angehörigen und sonstiger Sterbebegleiter darauf geachtet werden, sich nicht abfällig über einen Sterbenden zu äußern.
Viele Menschen berichteten mir, dass ihre Lieben genau in dem

Augenblick gestorben sind, wo sie nur kurz frische Luft schnappen wollten, einen Kaffee getrunken haben oder einfach auf die Toilette mussten. Sie haben deswegen Schuldgefühle, weil es sie später quält, beim Tod nicht dabei gewesen zu sein. Niemand, das möchte ich an dieser Stelle betonen, sollte Schuldgefühle haben, weil er den konkreten Zeitpunkt des Todes eines Angehörigen nicht erlebt hat. Da Sterbende spüren, wenn Angehörige nicht loslassen können, sterben sie genau dann, wenn diese Person nicht anwesend ist. Oder sie sterben bewusst in der Anwesenheit einer geliebten Person. Wann und unter welchen Umständen der Tod auch eintreten mag, kann der Sterbende für sich selbst den Zeitpunkt bestimmen zu gehen, wann es ihm am leichtesten fällt.

Es ist die eigene Einstellung zum Tod, die unser Verhalten am Sterbebett prägt. Der Mangel an geistiger Begleitung wird häufig durch übertriebene körperliche Aufmerkamkeit versteckt. Das eigentlich bedeutsame Geschehen am Sterbebett – die veränderte Wahrnehmung wie Engelserscheinungen, Reden mit bereits Verstorbenen, Todesphantasien werden leicht als Ergebnis des körperlichen Verfalls bewertet. Akzeptanz und liebevolle Vorbereitung auf den Tod des Angehörigen erfordert auch, dass wir über den Weg, den wir alle gehen werden, rechtzeitig gemeinsam sprechen. Dann wird das Sterben keine falsche Aufmunterung oder Festhalten mehr sein, sondern echte Begleitung.

Sobald der Sterbende spürt, dass er nicht unnötig zurückgehalten wird, kann er sich unverkrampft auf die ihn Umgebenden einstellen und sich von seinen Angehörigen und Freunden verabschieden. Die Anwesenden können seine Hand halten, damit er leicht loslassen kann, um sterben zu können. In dem Maße, wo Sterbende und Angehörige nicht gegen den Tod ankämpfen und sich ihm öffnen, wird Frieden erlebt.

Der Prozess der Transformation

Unsere Seele weiß, dass ihr nichts widerfahren kann, auch beim Sterben nicht. Sie befindet sich in Sicherheit, auch wenn dies unserem Verstand nicht zugänglich ist. Jeder Sterbende öffnet sich irgendwann dem geistigen Geschehen und befindet sich in einem sicheren, friedlichen und harmonischen Bewusstseinszustand. Diese spirituellen Bewusstseinsebenen transzendieren das individuelle Bewusstsein. Das eigene wahre Selbst wird wiedererinnert und wir kehren in die Geborgenheit unserer geistigen Heimat zurück. Durch dieses grundlegende Wissen verstehen wir nicht nur die Mysterien von Leben und Tod besser, sondern verlieren damit einhergehend die Angst vor dem Erleben des Todes.

Die Beobachtungen des Sterbeprozesses in der folgenden Darstellung des inwendigen Sterbegeschehens beziehen sich nicht auf plötzliche Todesfälle, sondern auf die normalen und häufigen Tode durch unheilbare Krankheiten. Die meisten Menschen sterben letztlich durch einen verwandelten Bewusstseinszustand in Frieden. Eine transformierende und angstnehmende geistige Energie wird spürbar und führt zu dieser Verwandlung. Der Tod ist die letzte Reifung des menschlichen Bewusstseins.

Todesnähe ist ein universelles Geschehen und gekennzeichnet durch die Auflösung des Körpers, wobei ein neues Bewusstsein vom eigenen Selbst hervortritt und eine anwesende spirituelle Energie spürbar wird. Das spezifische Erleben des sich nahenden Todes kann einige Wochen bis hin zu wenigen Minuten dauern. In diesem Prozess erreicht der Sterbende den Punkt der Wandlung, der dadurch gekennzeichnet ist, dass er sich entspannen und loslassen kann.

Der Sterbende zieht sich nun von der Welt und ihren Einflüssen und Illusionen zurück. Die gesamte psychische Energie verlagert sich auf das reine Sein. Von außen mag es wie eine Depression aussehen, aber kurz vor dem Tod ist dieser Rückzug positiv und angebracht, weil dann die entscheidende Verwandlung stattfinden kann, die wir alle erleben werden. Dieser Punkt ist für jeden Begleiter sichtbar. Der sterbende Mensch fängt nun an, innerlich zu strahlen. Sterbende sprechen dann selbst von ihrer inneren Erleuchtung, dem Gewahrsein, mit Licht gefüllt zu sein. Innerlichkeit und Stille stellen sich ein. Etwas Heiliges wird spürbar und der Sterbende ist erfüllt von Liebe.

Im Sterbeprozess und seiner unterschiedlichen Dauer macht ein Mensch Erfahrungen, die ihn auf seinen Tod vorbereiten: Er erlebt sich außerhalb des gewöhnlichen Bewusstseins, erfährt andere Dimensionen und befindet sich außerhalb seines Körpers. Der Sterbende erkennt, dass es möglich ist, eine radikale Wandlung seiner Persönlichkeit zu erleben, in ungewöhnlich kurzer Zeit, so wie es zahllose Nahtoderfahrene immer wieder berichten. Der Sterbende erlebt Grenzüberschreitungen und es stellt sich ein transpersonales Bewusstsein ein. Eine Sterbende sagte: »Ich fühle, als wäre ich ein Teil eines viel größeren Ganzen.«

Auch das Energiefeld um den Sterbenden herum verändert sich. Dies wird durch die Intensität des Erlebten spürbar. Die Energie fließt, vergrößert sich und strömt durch alle Energiepunkte (Chakren) des Körpers. Das ist die Vorbereitung auf den Augenblick des Übergangs. Ein Verschmelzen mit der Urkraft, dem Urgrund allen Seins, dem Göttlichen setzt ein. Wer jemals eine Sterbebegleitung erlebt hat, erzählt davon, einem Akt absoluter Perfektion beigewohnt zu haben. Wir sind im Sterben sicher aufgehoben, weil der größere Sinnzusammenhang des Lebens wiedererinnert wird. Die meisten Menschen sterben letztlich in Frieden, auch wenn sie vorher einen langen, harten Sterbeprozess durchlaufen haben. Was geschieht, ist eine Verwandlung und Verschmelzung mit der Einheit allen Seins: GOTT.

Die Erweiterung des »Fünf-Phasen-Modells«

Wie im vorigen Kapitel genauestens beschrieben wurde, umfasst der äußere Prozess des Sterbens das Nicht-wahrhaben-Wollen, die Phase der aufbrechenden Emotionen (Wut, Zorn), das Verhandeln, die Depression bis hin zum Annehmenkönnen. Der nahende Tod ist aber ein Vorgang, der im inneren Erleben eines Sterbenden weitaus mehr beinhaltet. Die Wandlung und das Reifwerden zum Tode ist durch einen Übergang gekennzeichnet, der in neue Wahrnehmungserfahrungen und Bewusstseinserweiterungen führt. Hier nun tauchen typische Elemente der Nahtoderfahrung auf, deren Übereinstimmung zwischen den Berichten klinisch Toter und den sensiblen Beobachtungen in der Sterbebegleitung geradezu auffällig sind.[78]

1. Tunnelerlebnis

Der Übergang ist häufig mit dem Gefühl zu fallen verbunden. Der Sterbende spricht von einem dunklen Durchgang, von einem Tunnel, in dem er entweder drin ist oder auch stecken bleibt, weil er sich weigert, loszulassen. Dieser Tunnel ist die Verbindung zwischen Diesseits und Jenseits. Jeder, der schon einmal klinisch tot war, berichtet von diesem Durchgang, in welchem sich das Bewusstsein erweitert.

2. Die Konfrontation mit der Todesangst

Während des Übergangs spielt die Todesangst eine große Rolle. Sterben beinhaltet immer eine Begegnung mit der Angst. Die auftretenden Ängste sind zu unterscheiden: zum einen die realen vor Schmerzen, dem Verlust von Körperfunktionen, dem Ungewissen des Danach, die endgültige Trennung, die Sorge um Angehörige, der Verlust all dessen, was bisher wichtig war. Andererseits wird in Todesnähe ersichtlich, vor welchen Ängsten der Mensch ein Leben lang davongelaufen ist: die Angst, minderwertig oder ausgesetzt zu sein, vor dem Mangel an Liebe und davor, das Leben nicht wirklich gelebt zu haben. Diffuse Schuldgefühle stellen sich ein. Wenn die Ich-Kräfte schwinden, kann dem Bedrohlichen nichts entgegengesetzt werden. Unsere lebenslangen Zwänge, Verdrängungen und Ausflüchte brechen zusammen und müssen ausgehalten werden. Das führt zu chaotischen Gefühlen. Angst will wahrgenommen werden, Angst *ist.* Eine so genannte Urangst zeigt sich: vor dem Unsagbaren, dem Numinosen, dem Heiligen, vor Gott.

Räumliche, zeitliche und körperliche Grenzen verwischen sich und Bewusstseinszustände völlig anderer Qualität stellen sich ein. In dem Moment der größten eigenen Schwäche, wo die Lebensenergie erheblich nachlässt, kommt es zu einem Hin- und Herpendeln extremer Gefühle und der Sterbende wird mit den Schreckensbildern der eigenen Innenwelt konfrontiert. Das ist der Moment, wo Ungeheuer, Dämonen, Abgründe, dunkle Röhren usw. erlebt werden. Gleichzeitig wird die Erfahrung gemacht, dass Urangst neben dem Urvertrauen liegt. Die Angst ist niemals das Letzte, sie ist ein Durchgangspunkt: So sind im Erleben von Sterbenden die Übergänge zwischen extremer Angst und völliger Glückseligkeit durchaus gleitend. Das Un-

sagbare wird plötzlich als angenehm empfunden und Angenehmes versetzt plötzlich in Panik. Der Begleiter oder die Angehörigen können dabei nichts anderes tun, als die Not des Sterbenden auszuhalten und ihn dabei zu unterstützen, seine Prüfung zu bestehen.
Bilder und Ängste vor Hölle, Fegefeuer, Jüngstem Gericht, Heulen und Zähneknirschen sind Bestandteil des Sterbeprozesses in allen Kulturen. Der Mensch schaut seinen tiefsten Wahrheiten ins Gesicht. In Todesnähe werden dabei innere Schritte vollbracht, die ein Leben lang vermieden wurden und nun zu einer tief greifenden Wandlung führen: Wenn das sterbende Ich sich seinem Untergang stellt und diese Bedrohung aushält, führt ihn das durch die Urangst hindurch in etwas, das tiefer greift als jede Angst. Die Angst wird Durchgangspunkt zum Göttlichen. Sterben wird zur Öffnung in die geistige Welt. So stehen Durchgang und Öffnung, Kampf und Befreiung, Not und Erlösung für den spirituellen Prozess des Sterbens. Nun erfolgt die tief greifende Wandlung.
Wenn die Angst durchschritten wird, stärkt sich das Gottvertrauen. Der Betroffene weiß nun, dass er keine Angst zu haben braucht und von guten Mächten getragen wird. Was wir erleben werden, ist eine Art Läuterung, damit wir erkennen, dass unser materiell-irdisches Leben nicht die letzte Wahrheit ist.
Der Mystiker Meister Eckart drückte das so aus: »Fürchtet man den Tod und hält ihn zurück, dann sieht man Teufel, die einem das Leben entreißen. Ist man jedoch zufrieden und im persönlichen Einklang mit sich selbst, verwandeln sich die Teufel in Engel.«
Genau mit diesen Prozessen werden Menschen zu Beginn einer Nahtoderfahrung konfrontiert, die wir als negative Höllenerfahrung bezeichnen (= Tunnel, Übergang in die geistige Welt als Begegnung mit der eigenen Angst). Die Mystiker sahen

darin die dunkle Nacht der Seele, die durchschritten werden muss, um ins Licht zu gelangen. Was Elisabeth Kübler-Ross als Phase der aufbrechenden Emotionen beschrieb, die durch Wut und Zorn gekennzeichnet ist, ist in Wirklichkeit auch die Phase der aufbrechenden Ängste, die umso stärker sind, je mehr unerledigte Geschäfte ein Mensch noch hat. Um den inneren Frieden zu finden, müssen unterdrückte Gefühle und nicht bewältigter Schmerz durchlebt werden. Dieser Ablauf führt zur Freisetzung dieser Emotionen. Nur durch innere Versöhnung, eigene Offenheit und Selbstvergebung wird der innere Frieden erfahren.

3. Die unerledigten Geschäfte

Die so genannten unerledigten Geschäfte gehören zu jedem Sterbe- bzw. Wachstumsprozess. Es handelt sich hierbei um all unsere unterdrückten Schmerzen, Ängste, Scham- und Schuldgefühle, Zorn, Wut und Hass. Damit sollten wir schon im Leben aufräumen, da dieses zur Überwindung unserer Negativität führen würde. Sterbende versuchen in ihrem persönlichen Prozess genau das: Sie suchen ihren inneren Frieden. Sie wollen Gelassenheit und Heiterkeit erreichen. Dies ist nur durch Annahme und Vergebung anderer und sich selbst gegenüber möglich.

Die unterdrückten Gefühle des Lebens treten an die Oberfläche. In unserem Leben geht es primär nicht um Reichtum, Macht, Ansehen oder Geld, sondern um seelisches und geistiges Wachstum, völlig unabhängig davon, ob wir dieses erkennen können oder nicht. Beim Sterben erinnern wir uns vor allem an die Windstürme des Lebens, an unsere Krisen, an all unsere Verluste, den Schmerz. Die Zeiten, in denen wir vom Schicksal geschüttelt wurden und in denen tragische Dinge

geschahen, erinnern uns daran, wie wir an diesen Krisen gewachsen sind. Je mehr wir im Leben gelernt haben, mit Mut und Vertrauen in uns selbst durch schwierige Umstände zu gehen und nicht daran zu zerbrechen, sondern daran zu wachsen und stärker zu werden, je mehr Kraft können wir angesichts des bevorstehenden Todes daraus ziehen. Wenn wir durch unser Leben entsprechend vorbereitet sind, haben wir auch keine Angst vor dem Sterben. Wir wissen dann, dass wir nicht wirklich in unserer Existenz bedroht sind. Dieses Wissen hat unsere Seele sowieso! Wichtig sind auch die Erinnerungen daran, geliebt worden zu sein, wie wir wirklich sind.
Bei Menschen mit Nahtoderfahrungen drückt sich die Bewältigung der unerledigten Geschäfte in den erheblichen Persönlichkeitsveränderungen aus. Sie haben durch ihr Erleben erfahren, dass seelisches Wachstum dann möglich ist, wenn man seine Negativität überwindet, durch seine Ängste hindurch geht, und sich selbst ungeschminkt ins Gesicht schaut. Dieser Prozess wird niemandem vom uns erspart bleiben, egal, ob es uns gefällt oder nicht.

4. Der Lebensrückblick

Zur Aufarbeitung des Lebens gehört unweigerlich seine Bilanz. Der Sterbende fragt sich: »War ich authentisch?«, »War ich liebesfähig?«, »Wer bin ich eigentlich?« Im Vordergrund eigener Betrachtung steht dabei bei vielen das Thema Schuld: das Versagen sich selbst und anderen gegenüber. Der Sterbende hat das Bedürfnis, mit sich selbst ins Reine zu kommen. Selbst in den letzten Tagen vor dem Tod und auch im Koma werden noch Schritte letzter Reifung und Bewusstwerdung vollzogen. Patienten, die bereits als apathisch angesehen werden, sind plötzlich wieder da: Sie sprechen manchmal oder vollbringen eine notdürftige Bewegung oder Geste. Es scheint, dass ein sie bewegendes Thema zum Abschluss gebracht wird. Oder ein letzter Sinnzusammenhang wird erspürt, damit der Sterbende sich in den Tod fallen lassen kann. So ist Sterben häufig die letzte Abrundung oder Aussage.

Eine innere Kraft im Menschen strebt auf Ganzwerdung hin. Dabei ist es wichtig, die Fähigkeit zum Bösen auch in sich selbst zu erkennen. Leider wird dieser Aspekt des Menschen, das Böse, gerne auf andere projiziert, wodurch die eigene Verantwortung geleugnet und der andere zum Sündenbock eigenen Versagens abgestempelt wird.

Das eigentliche Thema des Sterbeprozesses und unseres Lebens ist aber Versöhnung, vor allem die Versöhnung mit sich selbst. Es ist immer ein schwerer Prozess, eigene Fehler oder Versäumnisse anderen gegenüber einzugestehen. Durch Schuldzuweisungen kommen wir nicht weiter. Die eigentliche Ursache, dass eine Person oder ein Umstand im Leben zu einer Konsequenz führte, die uns unbequem ist, liegt immer bei uns. Alles, was uns im Leben an Negativem widerfahren mag, hat den Sinn, uns auf diese Zusammenhänge aufmerksam zu machen.

Wenn der Sterbende seine Lebensbilanz zieht, taucht er ein in seine Vergangenheit, die aus seiner Innenwelt aufsteigt. Er sieht Tränen auf Gesichtern, die er geliebt hat, er sieht die schönen Hochtage seines Lebens, und er spürt zunächst eine diffuse Verantwortung für alles, was er in seinem Leben getan hat. Nun erkennt er die Unsinnigkeit mancher Verurteilung, die er ausgesprochen hat, und stellt sich den Schmerz vor, den er anderen zugefügt haben mag. Er wünscht sich, die eine oder andere Sache zu bereinigen.

Manche können lange nicht sterben und sind verhärtet, weil sie sich nach Versöhnung mit einem bestimmten Menschen sehnen. Tabuisierte Menschen – eine Tochter oder Sohn, eine frühere Ehefrau oder Ehemann, Angehörige oder Freunde – wurden während des Lebens leicht wegrationalisiert. Im Angesicht des Todes kommt es häufig vor, dass in letzter Sekunde eine Versöhnung gewünscht wird. Es geht immer darum, Sinn im eigenen Leben zu finden. Unerledigte Geschäfte sind für uns Klippen, die den Sterbeprozess hinauszögern.

Kein Weg führt daran vorbei, sich von den Traumata seines Lebens zu befreien. Der Mangel an Liebe, die verweigert wurde, die Gewalt und das Unrecht, das einem zugefügt wurde, können bis zur Regression ins Kindliche führen. Erst die Versöhnungsschritte am Sterbebett oder das Warten, bis vorher abgelehnte Personen am Totenbett erscheinen, führen zum Loslassen, zum Sterben-Können, zum Zurücklassen-Können.

Da wir ernten, was wir säen, und jeder von uns seinen eigenen individuellen Tod stirbt, ist der Sterbeprozess bei jedem Einzelnen unterschiedlich. Das hat damit zu tun, dass sich jeder auf seinem individuellen geistigen Weg befindet und jeder von uns ganz eigene und unterschiedliche Lektionen im Leben lernen muss.

Im Angesicht des Heiligen, der Ganzheit, des Numinosen, Gottes schlussendlich, wird die Verantwortung für das eigene Leben und der daran beteiligten Personen offenbar. Es besteht aber die Chance zur Bereinigung. Im Erkennen der eigenen Fehler, Versäumnisse oder auch eigenem Verschulden eröffnet sich die Möglichkeit der Erlösung durch Selbstvergebung. Dadurch kann das innere Gleichgewicht wiederhergestellt werden, Friede stellt sich ein und der Betreffende kann loslassen und friedlich sterben.

Letztlich sind wir hier auf Erden, um Fehler zu machen, daraus zu lernen und daran zu wachsen und zu reifen. Der Maßstab für alles ist Liebe. Unser ganzes Leben pendelt hin und her zwischen Liebe und Mangel an Liebe. Wenn unser Bewusstsein

unseren Körper verlässt und die Seele ins Licht strebt, ist der Maßstab bei der Lebensrückschau, von dem Nahtoderfahrene berichten, Liebe. Wir schauen uns zum ersten Mal völlig ehrlich ins Gesicht, wobei nun kein Verstecken vor uns selbst mehr möglich ist. Die Folgen unserer Handlungen, Worte und Gedanken werden uns vorgeführt. Genau das erleben ebenfalls Sterbende: Sie sind nun mit ihrer eigenen Innenwelt konfrontiert. Da sie ihren Tod vor Augen haben, können sie nichts mehr länger zur Seite schieben, was sie im Leben nicht beachten wollten und was unangenehm war.
Insofern ist es wichtig und macht Sinn, dass wir unerledigte Geschäfte möglichst während des Lebens bereinigen. Es macht nicht nur das Sterben leichter, sondern bereichert unser Leben und unser ewiges Sein. Alle Dinge, die wir hier nicht erledigen, stehen nach unserem Tod sowieso vor unserem inneren Auge. Es gibt keine Richter von außen – sondern wir selbst schauen uns unser Leben mit all seinen Konsequenzen für uns selbst und andere an. Genau dieser Prozess stellt sich schon beim sterbenden Menschen ein. Diese Verbindungslinie zwischen dem Sterben und Nahtoderfahrungen ist offensichtlich: Wir tragen die Verantwortung für unser Leben.

5. Veränderte Wahrnehmung und Visionen

Wenn das Ringen um sich selbst abgeschlossen, letzte Dinge erledigt sind und die Lebensbilanz gezogen wurde, hört aller Kampf auf. Die innere Not ist ausgestanden. Schmerzen verschwinden plötzlich, die vorherige Angst vor dem Fallen im Tunnel geht über in einen verklärten Gesichtsausdruck. Jegliche Todesangst hebt sich auf. Eine Bewusstseinserweiterung stellt sich ein, in deren Verlauf es zu einer spirituellen Öffnung kommt: Der Sterbende nimmt nun Dinge wahr, welche die An-

wesenden nicht sehen können, die aber das eigentliche Bedeutsame am Sterbegeschehen sind.
Hierzu ein paar Beispiele, wie sich das ausdrücken kann: »Ich bin wie von Licht eingehüllt«, »Man braucht nicht mehr von Gott zu reden, ER ist da«, »Nun bin ich darüber – ich fliege!«. Jetzt erlebt der Sterbende die Wahrnehmungsveränderungen und Visionen, wie sie schon beschrieben wurden.
Die Angehörigen können manchmal das anwesende Heilige spüren. Der Sterbende wird angezogen von etwas, das jenseits des Geheimnis des Todes angesiedelt ist. Daraus resultiert ein Strahlen, tiefe Ruhe und ein friedlicher Gesichtsausdruck. Sterben ist Heimkehr. In der Vollendung und letztendlichen spirituellen Öffnung finden wir weitere Elemente des Nahtodkodes: Außerkörperliche Erfahrungen und Bewusstseinserweiterung, die Begegnung mit Lichtwesen und dem Licht, das Schauen der letzten Wahrheit. Insgesamt zeigen uns die unterschiedlichen Phasen des Sterbens, wie wichtig für jeden einzelnen dieser Reifungsprozess ist. Es zeigt sich, dass alles Leiden und alle Schmerzen ihren Sinn in der Erlösung und Vollendung eines Menschen haben. Besonders bedenklich erscheint in diesem Gesamtzusammenhang die Forderung nach aktiver Sterbehilfe. Dies bedeutet nichts anderes, als einen lebenswichtigen Vorgang abzukürzen und jemanden um seine letzte Reifungsmöglichkeit zu bringen!
Wir können unserer eigenen Verantwortung und der Erledigung unserer persönlichen Angelegenheiten nicht entkommen. Unabhängig davon, wie wir sterben – ob durch Unfall, Selbstmord oder lang andauernde Krankheit, begegnen wir uns selbst in unserer eigenen Innenwelt. Alles, was wir im irdischen Leben nicht erledigt haben, nehmen wir mit in die andere Welt hinüber. Insofern wird sich jeder von uns auch nach seinem Tod weiterentwickeln, um ins Licht eingehen zu können. Es ist

für jeden von uns viel einfacher, schon im Hier und Jetzt seelisch und geistig zu wachsen. Das sind die einzigen Dinge, die für unsere Weiterexistenz in der geistigen Welt von Belang sind.

Der Sterbende und der Schmerz

Neben Sterben und Tod ist der Schmerz das, was wir im Leben am meisten fürchten. Schmerz wird vielleicht noch mehr gefürchtet als der Tod. Er hat viele Gesichter und berührt uns auf jeder Ebene unseres Daseins. Schmerz unterscheidet sich auf einer seelischen, körperlichen und geistigen Ebene. Körperlicher Schmerz kann psychischen oder sogar religiösen Schmerz hervorrufen: Wenn er zu stark wird, beginnen wir selbst den Glauben an Gott infrage zu stellen.
Physische Anspannung durch spirituelle Zweifel kann dazu führen, dass jedes körperliche oder emotionelle Unbehagen nicht mehr ertragen werden kann. Die Schmerzgrenze ist bei jedem Menschen sehr unterschiedlich ausgeprägt. Dinge, die dem einen Schmerz und Unbehagen bereiten, lassen andere völlig unberührt. Schmerz wird nach Möglichkeit vermieden und jedes ärztliche Wissen und religiöse System versucht ihn zu vermeiden.
Dabei stellt sich die Frage, was uns der Schmerz mitteilen will. Woher kommt der Schmerz? Gibt es Dinge, die wir verändern müssen? Nicht nur Schmerzsymptome sind zu bekämpfen, sondern auch deren Ursachen. Schmerzen entstehen aus Entscheidungen, die wir mehr oder weniger bewusst treffen, und er ist in jeder Phase unseres Lebens eine »natürliche« Begleiterscheinung. Schmerz ist ein wichtiger Bote, der uns etwas mitteilen will. Wenn wir uns verändern,

können wir auch den Schmerz verwandeln: körperlich, emotional oder spirituell.
Der Schmerz wird wie der Tod in unserer Kultur als Feind angesehen. Schon bei den kleinsten Unpässlichkeiten übertreiben wir übermäßig. Die Technik suggeriert uns, alles sofort reparieren zu können. Alle Anpassungen an unser Wohlbefinden haben sofort zu geschehen. Wir haben keine Zeit für Schmerzen, und die Regale der Apotheken bieten uns verlockende, vielfältige Linderungen – unmittelbar. Wenn wir in Zweifel kommen oder Depressionen haben, gibt es Antidepressiva. Wir werden gefühllos, weil keine Erfahrungen mehr gemacht werden, die unangenehm sind. Wir stumpfen ab und lassen uns treiben. Diese Abstumpfung der Gefühle macht uns körperlich, geistig und seelisch schwächer. Im Laufe unseres Lebens brauchen wir immer stärkere Mittel zur Ablenkung.
Hier nun bietet das Leben die Lektion, zumindest durch den körperlichen Schmerz zu begreifen, dass ein innerer Wandel stattfinden muss. Wenn wir weiterhin unsere Sinne und Psyche betäuben, werden wir aus dieser Lektion nichts lernen. Das Leiden wird irgendwann größer, weil es uns darauf aufmerksam macht, dass die Natur uns die Gelegenheit gibt, etwas zu begreifen und zu verändern. Doch die Gewohnheit lacht uns so lange zu, bis wir nicht mehr weiterkönnen. Wir lassen die Dinge schleifen, bis wir die Grenze unserer körperlichen und seelischen Belastbarkeit erreicht haben. Was unserer Gewohnheit entgegen strebt, vermittelt das Gefühl, als sei es unserer Natur zuwider.
Wie wir uns im Leben jedes kleinste Wehwehchen vom Leibe halten, ist fragwürdig. Wir manövrieren uns durch diese Einstellung selbst in körperliche Schmerzen und Qualen hinein. Eingriffe in unser Leben durch Chemikalien und Operationen verändern unsere Körperenergie so stark, dass dadurch neue

Dimensionen körperlichen Leidens und Schmerzen geschaffen werden, die bislang unbekannt waren. Auswirkungen der Giftstoffe in der Umwelt, künstlich hergestelltes Essen, die Reizüberflutung der Medien und Drogen zur Schmerzbekämpfung, die ständig beim kleinsten Anlass eingenommen werden, verändern unsere Körperfunktionen. Der Körper kann sich dem nur schwer anpassen, weil sich seine Energie verändert hat. Irgendwann bricht der Körper wie eine Maschine bei ständiger Überbelastung zusammen und wir sind Körpererfahrungen ausgesetzt, die jedes normale Maß von Leid an Geist und Körper übertreffen.

Robert Sachs umschreibt diesen Sachverhalt in seinem Buch »Das Leben vollenden« wie folgt: »Wir haben in unserer entfremdeten Gesellschaft, die schon den Anflug eines Schmerzes fürchtet, die Technik dazu benutzt, den Bogen zu überspannen, sodass Schmerz, der als ›normal‹ oder ›erträglich‹ hätte angesehen werden können, zu einem Schmerz ohnegleichen wurde, der schnell, hart und schonungslos zuschlägt. In unserer fast völlig künstlichen Gesellschaft haben wir nicht einmal gelernt, uns körperlich oder mental auf normale Veränderungen unseres Körpers einzustellen oder sie überhaupt zuzulassen.«[79]

Sterbehilfe oder Suizid scheinen die logischen Reaktionen auf diese »nie gekannten Schmerzzustände« zu sein. Beim Sterben ist das dann nicht ganz so dramatisch. Natürlich müssen Schmerzen auf der Ebene behandelt werden, auf der sie uns am meisten betreffen. Oft sitzen Depressionen und psychische Schmerzen so tief, dass sie auf den Körper ausstrahlen und behandelt werden müssen. Durch Antidepressiva oder angsthemmende Mittel erreichen die Menschen dann den Freiraum, sich mit ihren Sorgen auseinander zu setzen.

Das existenzielle Dilemma des Sterbens wird von den meisten

gelöst. Häufig wird der Schmerz umgewandelt oder überschritten, wenn die Betroffenen sich erforschen und mit ihrem Leben ins Reine kommen. Der Schmerz kann verwandelt und transzendiert werden. Damit der Tod zu einem würdevollen, menschlichen Ereignis wird, ist sicherlich eine ausreichende Schmerztherapie dringend erforderlich. Leider werden wir zuwenig vorbereitet und kennen häufig unsere emotionalen und spirituellen Reserven nicht, um den Schmerz umzuwandeln und zu überschreiten.

Aus eigener Erfahrung kann ich Ihnen sagen, dass es das Wichtigste ist, wenn ein Sterbender unerträgliche Schmerzen hat, ihn nicht allein zu lassen. Oft wird die Situation auch für die Angehörigen und Begleitenden als schrecklich empfunden, weil es hilflos macht, einen geliebten Menschen leiden zu sehen. Wenn aber die eigene Abwehr nicht auf den Sterbenden übertragen wird und es möglich ist, die eigene Hilflosigkeit ehrlich anzunehmen und den Schmerz des anderen zu achten, ist es einzig die bedingungslose Liebe, die helfen kann. Was jemand fühlt, das fühlt er. Daran können wir nichts ändern und wir sollten es nicht beurteilen, sondern hinnehmen. Unsere Aufgabe als Begleiter ist es, den Sterbenden zuzuhören und für sie da zu sein. Dadurch geben wir ihnen manchmal die Möglichkeit, den Schmerz zu transzendieren. Der Sterbende kann dadurch die Bedeutung seines Schmerzes für sich selbst erkennen und loslassen.

Im Augenblick des Todes verschwindet jeglicher körperliche Schmerz und nur die geistigen, spirituellen Eindrücke des Lebens werden mit hinübergenommen. Wer es erreicht, sich frühzeitig seines spirituellen Kraftpotenzials bewusst zu werden, kann schon vor der Zeit loslassen und sich wandeln. Wer die Kraft aufbringt, die dunkelsten Momente des Lebens in Schmerz zu durchleben, wird daraus gestärkt hervorgehen. Es erfolgt eine friedliche und vollkommene Verwandlung des früheren Selbst. Das Leben wird und kann gemeistert werden. Jeder Schmerz hat einen Sinn und geht einmal vorbei. Der Schmerz kann die Kraft sein, die uns hilft, uns vom Körper zu trennen und das Leben loszulassen. Der bevorstehende Tod wird zum Trost. Nahtoderfahrungen vermitteln uns die Gewissheit, dass jeder Schmerz nach dem Übergang aufhört.

Eine Wissende sagte: »Ich habe jetzt keine Angst mehr vor dem Tod. Ich kann Ihnen aus persönlicher Erfahrung versichern, dass der Schmerz endet, auch wenn er noch so schlimm wird und Sie finden sich außerhalb Ihres Körpers wieder, in einer anderen Dimension, noch sehr lebendig, aber ohne jeden Schmerz.«[80] »Es war so schön (während des Sterbeerlebnisses). Ich hab auch keine Schmerzen gehabt. Ich hab eigentlich überhaupt nichts gespürt ... Aber danach hat es wehgetan! ...«[81]

Die vorherrschenden Gefühle beim Körperaustritt sind also: Ruhe, Frieden, Gelassenheit und Schmerzfreiheit. Zahllose Beispiele aus der Forschungsliteratur zur NTE ließen sich aufführen, welche die Schmerzfreiheit belegen.

9. KAPITEL

Der Sinn des Lebens

In diesem Kapitel erfahren Sie

- was die Frage des Menschen nach dem Sinn des Lebens für seine Existenz bedeutet

- welche Verantwortung wir mit unserem freien Willen zur Verfügung haben

- warum das Da-Sein im Hier und Jetzt so wichtig ist

- wie unsere natürlichen Gefühle schon in der Kindheit manipuliert werden

- welche heilende Kraft die Liebe hat

Grunderfahrungen des Menschseins

In jedem von uns lebt ein Wissen um die Bedeutung der Existenz allen Seins. Als Menschen haben wir eine innere Ahnung einer höheren Wirklichkeit, von der wir durchdrungen sind. Wir werden mit der Sehnsucht geboren, diese tiefsten Wahrheiten für uns selbst zu verwirklichen. Das beginnt damit, dass wir versuchen, Antworten auf das innere Drängen im Außen zu finden. Dabei stoßen wir auf das Drama der menschlichen Existenz schlechthin: Das innere Wissen eines größeren Sinnzusammenhangs steht im Gegensatz zum Erleben der physischen Welt und der Geschichtsepoche, in die wir hineingeboren sind. Wir suchen also in der Außenwelt eine Bestätigung des inneren Wissens, dass wir mehr sind als zusammengesetzte Moleküle und Biochemie.

Die Grunderfahrung des Menschen ist dabei Trennung: Das nach außen orientierte Selbst oder Ich fühlt sich allein in einer fremden Umwelt. Es hat seinen Ursprung als geistiges Wesen vergessen und kann sich an seine Bestimmung nicht erinnern. Jeder Mensch erlebt auf die eine oder andere Weise eine bedrohliche Realität.

Jeder Mensch muss früher oder später akzeptieren, dass allen geschaffenen Dingen der Tod bestimmt ist. Die Konfrontation mit Trauer und Leid wird uns, solange wir leben, nicht erspart bleiben. Geliebte Menschen oder Tiere sterben, Beziehungen oder Ehen können zerbrechen, es gibt Krankheiten, schweres psychisches Leid, Not und Schmerz. Wir können keinen einzigen noch so glückhaften Augenblick unseres Lebens fest-

halten. In der physischen Welt ist nichts ewig. Das Leben ist beständige Veränderung und Herausforderung.
Selbst Kinder bleiben von den Wechselfällen des Lebens nicht verschont: Auch sie können schon in ganz jungen Jahren schwer krank werden oder sterben. Mancher Heranwachsende, der sich dem Leben nicht gewachsen fühlt, nimmt sich das Leben. Familienväter und Mütter können jederzeit tödlich verunglücken. Bei all diesen tagtäglichen Dramen stellen wir die sich stets wiederholende Frage: »Warum?« Oder: »Warum lässt Gott es zu?« Leider bleibt uns nichts anderes übrig als die kosmischen Gesetze der Polarität zu akzeptieren, auch wenn sie Verlust und Trauer bringen.
Der Hauptgrund allen Leids ist nicht das Vorhandensein der materiellen Welt, sondern die Anhaftung an die Dinge. Verlust und Trauer sind immer Möglichkeiten zu seelischem Wachstum. Wir haben die Wahl, diese Umstände so zu akzeptieren, wie sie sind, oder in Leid und Schmerz zu versinken. Jeder Verlust leitet einen Wandlungsprozess ein, damit wir uns weiter entwickeln können.
In unserem hochmateriellen Zeitalter, wo zumindest in der westlichen Welt das rein Äußerliche seinen Siegeszug durch alle Medien angetreten hat, ist eine erschreckende innere Verarmung und Vereinsamung des Menschen festzustellen, einhergehend mit einem extremen Werteverlust. Wenn die Jagd nach äußeren Statussymbolen wie Markenkleidung, Autos, Ansehen, Macht, Ruhm oder eine totale Sexualisierung der Gesellschaft wichtiger erscheinen als innere Werte eines Menschen, führt das zu einer Entfremdung des Menschen von seinem Ursprung.
So lange wir annehmen, dass diese Welt die einzige Wirklichkeit ist, die mit dem Tod im Nichts versinkt, erstaunt es wenig, dass es zu einem rapiden Verfall aller ethischen Werte

gekommen ist. Wenn Gewalt, Mord und Totschlag per Knopfdruck durch Video und Fernsehen in Abermillionen Haushalten zum Alltag gehören und zur Kindererziehung, kann sich jeder ernstlich fragen, wohin das führen mag. Es ist das Thema der persönlichen Verantwortung jedes Einzelnen für sich selbst: Wir entscheiden darüber, welche Werte für uns im Leben wichtig sind.

Der freie Wille und seine Konsequenzen

In unserem tiefsten Inneren wissen wir, was gut oder schlecht ist. Im Supermarkt menschlicher Eitelkeiten haben wir immer die freie Wahl, Ja oder Nein zu sagen. Diese Entscheidung kann uns niemand im Außen jemals abnehmen.

Der Mensch neigt dazu, alles, was ihm widerfährt, ins Außen zu projizieren: Da ist die Gesellschaft schuld, die einen verdorben hat; da ist eine andere Person schuld, die uns gekränkt oder verraten hat, da gibt es diesen oder jenen Grund beim anderen, dass wir uns schlecht fühlen. Das Leben funktioniert aber leider nicht durch Schuldübertragungen ins Außen! Da wir kaum die Möglichkeit haben, einen anderen Menschen in seinem Inneren zu verändern, können wir nur bei uns selbst Veränderungen bewirken. Durch diese Erkenntnis übernehmen wir die Verantwortung für unser eigenes Leben. Wir haben es nicht länger nötig, andere für unsere eigenen Irrtümer verantwortlich zu machen.

Alles, was uns im Leben widerfährt, ist das Resultat unserer eigenen Handlungen. Indem wir aufgrund des freien Willens – der hier als tiefster Kern innerer Willensentscheidung gemeint ist – Entscheidungen für unser Leben treffen, schaffen wir uns die eigenen Konsequenzen. In diesen inneren Willen greift

keine höhere Macht oder Gott jemals ein, da wir sonst keine freie Wahl hätten und uns nicht entwickeln könnten. Was wir im Leben Schicksal nennen, ist die Auswirkung unserer vorhergehenden Entscheidungen.
Indem wir unsere Absichten ehrlich überprüfen, können wir unser Leben verändern. In jedem Augenblick unseres Lebens entscheiden wir uns für oder gegen eine Sache. Die meisten Menschen vergessen dabei, dass sie dann auch Träger der Konsequenzen sind. Das betreffende geistige Gesetz von Ursache und Wirkung heißt: Was du säst, das erntest du. Es gibt keinen Zufall oder böses Schicksal. Schicksal kann nur dann wirksam werden, wenn wir uns weigern, unsere eigenen Fehler zu erkennen und daraus zu lernen. Somit ist alles, was geschieht, die Folge der eigenen Gedanken, Worte und Taten.

Das Hier und Jetzt

Wenn wir Auswirkungen früherer Entscheidungen in unserem Leben verändern wollen, können wir das nur im gegenwärtigen Augenblick. Wir können niemals Dinge in der Vergangenheit rückgängig machen, genauso wenig wie wir Entscheidungen in der Zukunft treffen können. Die einzige Möglichkeit, Dinge in unserem Leben zu verändern, liegt im Hier und Jetzt des Augenblicks, der Ewigkeit ist – und das nur im eigenen Inneren! Das ist der einzige Ort für Veränderung, Neuanfang und Verantwortung. Alles andere ist Illusion.
Der eigentliche Sinn unseres Lebens ist es, seelisch und geistig zu wachsen und lieben zu lernen. Das bedeutet, dass jeder hier auf Erden bestimmte Lektionen zu lernen hat. Nichts von dem, was uns im Leben zustößt, ist zufällig. Leid, Schmerz, Verlust, Not, Verzweiflung wie auch all die vielen positiven Erfah-

rungen des Lebens dienen dem einzigen Zweck, an den gegebenen Umständen zu reifen und sich weiterzuentwickeln. Viel zu oft hält uns Angst davon ab, unsere Lebensumstände zu verändern Bei vielen Menschen zeigt sich eine tief sitzende Angst vor jeder Veränderung. Sie können und wollen lieb gewordene Gewohnheiten und Umstände nicht loslassen. Wir können keinen einzigen Augenblick festhalten. Je mehr uns der Mut zur Veränderung fehlt, desto mehr werden wir durch das, was wir Schicksal nennen, früher oder später korrigiert. Leider lernen die meisten Menschen erst dann, wenn sie Krisen oder Verluste hinnehmen *müssen.* Das sind die eigentliche Wendepunkte, wo wirklich Neues in unser Leben kommen kann. Wer jemals die Erfahrung gemacht hat, seine Angst zu durchschreiten, weiß, dass Angst nicht das Letzte ist. Wer sich bewusst auf die Wechselfälle des Lebens einlässt, macht die Erfahrung, gestärkt daraus hervorzugehen und an Lebensqualität zu gewinnen. Wir stoßen an unser eigenes geistiges Potenzial, das sich nun entfalten kann.
Aus den Erlebnissen von Menschen mit Nahtoderfahrungen können wir eine Menge lernen in Bezug auf die Bewältigung unserer unerledigten Geschäfte. Eine Grunderfahrung für jeden Menschen ist der Zwiespalt zwischen Verstand und Gefühl, auf dem alle Polarität beruht. Nichts ist schädlicher als das einseitige Nutzen unserer Verstandeslogik und die permanente Unterdrückung unserer Gefühle.

Die natürlichen und unnatürlichen Gefühle

Der Weg durch das Leben ist bewusst oder unbewusst, der Weg kann schlafend oder wach zurückgelegt werden, nur eins ist klar: *Wir* wählen, *wie* wir ihn gehen! Die optimale freie Wahl

des Menschen kann nur in Übereinstimmung von Körper, Seele und Verstand erfolgen. Der Geist trifft Entscheidungen. Er wählt sozusagen von drei inneren Ebenen: Logik, Intuition, Gefühl, die häufig miteinander in Widerspruch stehen.
Auf der Ebene der Gefühle gibt es nur fünf natürliche menschliche Emotionen: Trauer, Wut, Neid, Angst und Liebe. Diese Emotionen lassen sich auf die zwei Ebenen von Liebe und Angst oder Liebe und Mangel an Liebe zurückführen, an denen sich die Dramen unseres Lebens entfalten. Alle anderen – positiven und negativen – Gefühle entstehen daraus. Das ist die vorherrschende Polarität der Dinge. Alle Gedanken, Ideen, Konzepte, Entscheidungen und Handlungen des Lebens basieren auf dieser Wahlmöglichkeit. Am Ende aber bleibt nur die Liebe, weil Liebe in Wahrheit das Einzige ist, was existiert.
Sogar die Angst entspringt der Quelle der Liebe, und häufig drückt sich im Leben Liebe durch Angst aus, natürlich nur in ihrer höchsten Form (z.B. Leben retten). Das Problem für den Menschen ist oft die Verzerrung der fünf natürlichen Gefühle. Sobald sich natürliche Gefühle ins Unnatürliche verzerren, »... verschleißen sie unsere Energie und lassen uns mit ganzen Eimern unvergossener Tränen, von unterdrücktem Zorn und Rachsucht, Neid, Rivalität und Selbstmitleid zurück und tragen auf diese Weise zu physischen und emotionalen Erkrankungen und weitgehend auch zu unseren Problemen der gegen andere oder gegen uns selbst gerichteten Gewalttätigkeit bei«.[82]
Elisabeth Kübler-Ross entwickelte schon in den frühen achtziger Jahren ein Modell, das uns hilft, unsere natürlichen und unnatürlichen Gefühle besser zu verstehen und die Negativität aufzulösen. Trauer und Kummer sind natürlich, weil sie uns erlauben, Dinge loszulassen, Menschen zu verabschieden und auch Traurigkeit auszudrücken bei jeder Art von Verlust, ob es

sich um den Tod eines Angehörigen oder den Verlust von Kontaktlinsen handelt, weil durch den Ausdruck von Trauer die Gefühle absorbiert werden. Wird Trauer aber ständig unterdrückt, kann daraus unnatürliche ständige Depression entstehen oder sogar Fanatismus, der zu Krieg und Zerstörungswut wird.

Ärger und Zorn dienen dazu, »Nein« sagen zu können. Es muss daraus kein Missbrauch oder Schaden entstehen für andere Personen. Wut kann dann schnell verrauchen. Wir aber bringen den Kindern häufig bei, dass Wut nicht ausgedrückt werden darf, wobei unterdrückte Wut eine Vielzahl schwer wiegender Folgen haben kann. Auch Neid ist eine natürliche Emotion, die z. B. ein Kind antreibt, es seinen älteren Geschwistern gleichzutun. Neid ermuntert dann dazu, Dinge noch einmal zu versuchen, etwas zu erreichen, bis ein eigener Erfolg gelingt. Wird Neid ständig unterdrückt, entsteht Eifersucht, ein sehr unnatürliches Gefühl und häufig sogar tödlich.

Es gibt zwei angeborene natürliche Ängste, die zum Überleben wichtig sind: Angst vor Fall und Angst vor lauten Geräuschen. Alle anderen Ängste sind konditionierte Ängste der Umwelt. Der einzige Grund für natürliche Angst ist, dem Kind die nötige Umsicht und Vorsicht beizubringen, um den Körper am Leben zu halten, und dies entspringt der natürlichen Ebene der Liebe. Wenn Liebe schließlich zugelassen werden kann ohne Begrenzung oder Bedingungen, braucht der Mensch nichts mehr.

Leider wird Liebe immer wieder missbraucht, getreten, vergewaltigt, durch falsche Regeln eingesperrt, kontrolliert, konditioniert. Die angesprochenen natürlichen Emotionen sind in den meisten Menschen unterdrückt, was sich z. B. in einer zunehmenden Gewaltbereitschaft, Angst um Sicherheit etc. ausdrückt. Die natürlichen Gefühle sind ein Geschenk, das wir mitbekommen haben, um unser Leben meistern zu können.

Die vielfältigen Verzerrungen und Maskierungen von Liebe oder Angst, die wir täglich wahrnehmen, der Hass, das Getrenntsein, Gewalt und Kriminalität, die die großen Städte zu ersticken drohen, Mord und Kriege sind der Ausfluss unterdrückter Emotionen. Menschen missbrauchen Menschen: sexuell oder aus Profit- und Machtgier, durch Missinformation (Medien, Computer), durch Unterdrückung Andersdenkender, durch Unfähigkeit zur Liebe. All das, weil sie nicht gelehrt wurden, ihre natürlichen Gefühle als Geschenke zu betrachten und zu behandeln.

Wir sind hier, um uns zu erinnern, wer wir sind, was uns ausmacht: Um uns wiederzuerinnern, dass wir ein Teil Gottes sind und als solcher Teil, der keinen einzigen anderen lebenden Organismus ausschließt, sind wir alle EINS und unsterblich. EINS mit GOTT. Es gibt nichts, was nicht GOTT ist. »Was du für andere tust, wird ER für dich tun!« Selbst wenn wir sterben, hören wir nicht auf, schöpferisch tätig zu sein, weil wir niemals wirklich sterben können. Wir sind Leben (Energie) und Leben kann niemals Nicht-Leben sein.

Nun sollen die fünf natürlichen und unnatürlichen Gefühle nach Kübler-Ross noch einmal zusammengefasst gegenübergestellt werden. Wir haben zwei angeborene Ängste, mit denen wir auf die Welt kommen: Angst vor Sturz aus großer Höhe und vor lauten, unerwarteten Geräuschen. Die Verzerrungen daraus im menschlichen Leben sind Angst vor Niederlage, Ablehnung, Liebesentzug, Leiden, Gewalt, Meinung von anderen zu hoch einschätzen, aber auch vor Erfolg.

Trauer hilft uns als natürliches Gefühl, mit Verlusten umzugehen. Unnatürlich wird Trauer durch Selbstmitleid, Depressionen, Schuldgefühle, Scham, Selbstvorwürfe, Schuldzuweisung.

Zorn für einen kurzen Augenblick bewirkt Wandel, Selbstbe-

hauptung, Selbstschutz. Anhaltender Zorn führt zu Wut, Hass, Rachsucht, Bitterkeit, Ressentiment.
Eifersucht kann Anregung und Motivation zum persönlichen Wachstum sein, führt in seiner Verzerrung aber zu Neid, Konkurrenzgeist, Streben nach Alleinbesitz, Selbstverurteilung.
Die bedingungslose Liebe auf der Basis der Liebe zum eigenen Selbst besteht in der Fähigkeit, sich seiner Eigenverantwortung für das eigene Wohlergehen bewusst zu sein, Grenzen zu setzen und Nein zu sagen, um anderen zu mehr Selbstständigkeit zu verhelfen. Die Negativseite der Liebe ist die an Bedingungen geknüpfte Liebe. Letztlich ist es wohl die schwierigste Lektion des Lebens, den anderen so zu akzeptieren, wie er ist.

Die Fähigkeit zu lieben

Leider sind heute immer noch viel zu viele Menschen davon überzeugt, dass Angst stärker ist als die Liebe. Was die Zerstörungsmöglichkeiten unseres Planeten betrifft, haben sie angesichts der Megatonnen Atombomben sicherlich Recht. Die größte Kraft für ein erfülltes Leben ist allerdings die Liebe, die direkte, bedingungslose Liebe.
Die alten Griechen bezeichneten diese als »Agape«, die eine aufrichtige Liebe meint, die nicht an Bedingungen geknüpft ist und nicht entzogen wird, wenn einem das Tun anderer missfällt. Ferner unterschieden sie zwischen »Eros« (sexuelle Liebe) und »Philia« (Freundschaft oder brüderliche Liebe). Wir haben gelernt, Liebe an Bedingungen zu knüpfen, und dass unser Selbstwert von außen bestimmt wird. Schon als Baby wurden wir so konditioniert, uns selbst nur dann wertzuschätzen, wenn die Menschen (Eltern) um uns herum positiv auf uns reagierten. Die Bestimmung eines Menschen durch das Außen

ist der grundlegende Irrtum, der sich durch unser Leben zieht. Auch unsere Eltern haben die gleichen Erfahrungen gemacht, wie sie ebenfalls unsere Kinder machen. Es sind die berühmten *Wenn-dann-Bedingungen,* durch die wir konditioniert werden. Insofern ist es wichtig, uns alle Übergriffe und Gewalttätigkeiten bewusst zu machen, um sie auflösen zu können. Auf diese Weise bewegen sich alle verwundeten Wesen von der mit Bedingungen verknüpften Liebe zur Erfahrung bedingungsloser Liebe.

Wir werden dadurch neugeboren, indem wir die Quelle der Liebe in unserem eigenen Inneren finden. Niemand kann uns deshalb beibringen, uns selbst zu lieben. Jede Seele tritt mit dem Wissen um ihren eigenen Wert in die physische Existenz ein. Doch bereits sehr früh auf dieser irdischen Reise wird unsere natürliche Fähigkeit zu lieben und andere in unsere Erfahrungen mit einzubeziehen an Bedingungen geknüpft.

Diese internalisierten Bedingungen müssen wieder aufgehoben werden. Wer sich auf den Pfad der bedingungslosen Liebe begibt, wird erkennen, dass jede Seele liebenswert ist. Allerdings gibt es den wesentlichen Unterschied zwischen der Person (der Seele) und ihrem Programm (Konditionierung auf Angst, Bedingungen etc.).

Diese eingeprägten Bedingungen, die an Liebe geknüpft werden, müssen erkannt und wieder aufgehoben werden. Wenn die Seele die physische Welt in dem Glauben verlässt, dass sie das Opfer ihrer hier gemachten Erfahrungen ist, wird es sie immer wieder hierher ziehen, bis dieses Glaubensmuster schließlich aufgelöst wird.

Gelangt die Seele jedoch zur Erkenntnis der Wahrheit, dass ihr Wert nicht von irgendetwas oder irgendjemandem außerhalb ihrer selbst oder ihrer Erfahrungen abhängig ist, wird sie sich im Urgrund der Liebe verankern und aus dem Traum des Miss-

brauchs erwachen. Aus dem Traum des Missbrauchs zu erwachen bedeutet, die Illusion aufzugeben, dass du so, wie du bist, nicht liebenswert bist.
Indem wir uns selbst bedingungslose Liebe schenken, ziehen wir andere Menschen in unser Leben, die ebenfalls fähig sind, bedingungslos zu lieben. Die Erfahrung bedingungsloser Liebe kann also nur im eigenen Herzen beginnen - niemals im Herzen eines anderen. Wahre Liebe ist unveränderlich - sie existiert unabhängig von der Form.
Wer immer eine perfekte »Form« sucht, die perfekte Arbeit, den perfekten Partner, die perfekte Beziehung, wird ständig frustriert werden. Die Welt ist nie vollkommen – das gilt es zu erkennen. Sie bietet einfach Gelegenheiten und Möglichkeiten zu wachsen und sich zu verändern. Das kann dann gelingen, wenn wir uns nicht an eine bestimmte Form des Selbstausdrucks klammern.
Festhalten kettet an Vergangenheit. Alles, was geschieht, erfordert unsere Aufmerksamkeit, unsere Präsenz. Aber viele sind damit beschäftigt, die jeweilige Erfahrung zu bewerten bzw. sich zu wünschen, dass sie so sein möge, wie sie es erwarten.
In dieser Welt ist nichts dauerhaft und vorhersehbar. Die Welt bietet Unbeständigkeit, Wachstum und Wandel. Das Allumfassende bedingungsloser Liebe lässt sich nicht auf eine Form begrenzen, da Liebe jederzeit alle und alles einschließt. Die Erfahrung von Liebe wird in dem Maße begrenzt, wo wir interpretieren und kontrollieren wollen. Interpretation und Kontrolle sind Begrenzungen durch Bedingungen. Man begegnet der äußeren Form, der Programmierung, nicht aber dem Inhalt eines Menschen. Insofern können wir diese Welt nur dann verstehen, wenn wir lernen, hinter die äußere Form zu blicken, um die wirklichen Absichten und Bedürfnisse eines Menschen zu verstehen. Das bedeutet jedoch gleichermaßen, diese in uns

selbst zu erkennen, um die eigenen Vorurteile zu durchschauen und abwägen zu können.

Eine Nichtverhaftung mit der Form ergibt sich aus Nähe, Vertrautheit und Offenheit, nicht durch Entfremdung oder Distanz. Wer andere in sein Herz hereinlassen kann, ist auch fähig, loszulassen. Liebe und Kontrolle sind unvereinbar: Kontrolle ist Haben-Wollen, Festhalten; Liebe ist Freiheit, die sich nicht auf bestimmte Individuen fixieren lässt.

Nicht eine bestimmte Person sollte das Ziel unserer Wünsche sein, sondern einfach Liebe. Dann können Nähe und Vertrauen gelebt werden, ohne ständig definieren und kontrollieren zu wollen. Das sprengt die Besessenheit durch die äußere Form: Der Mensch erkennt, dass im Außen keine Vollkommenheit zu erwarten oder gar zu finden ist.

Ein Mensch, der sich selbst bedingungslos lieben kann, sucht nicht jemand Besonderes, da er jeden lieben kann. Niemand ist seiner Liebe mehr oder weniger wert. Liebe kann nur unbegrenzt zwischen Gleichem existieren, Liebe kann nur zwischen Wesen existieren, die gelernt haben, sich selbst zu lieben und wertzuschätzen. Liebe nimmt keine Geiseln. Sie geht keinen Kuhhandel ein. Sie kann nicht durch Angst korrumpiert werden. Wo Liebe ist, kann Angst mit ihren Bedingungen nicht bestehen. Das bestätigen in vielfältiger Weise die heutigen Todesnäheerlebnisse.

Das Licht am Ende des Tunnels

Die größte Lektion der Nahtoderfahrung ist die Lehre, dass alles auf Liebe beruht, aus Liebe besteht und in die Liebe zurückkehrt. Nur Liebe heilt alle Gegensätze. Im Lauf unseres Lebens haben wir dieses innere Wissen vergessen. Nur die

Liebe kann uns befreien: Liebe ist der einzige Sinn unseres Lebens, was alle großen Religionsstifter, Mystiker und Weise im Lauf der Welt immer wieder betont haben.
Die Nahtoderfahrung bringt uns dem Licht der Liebe nahe, das nicht verurteilt. Es liebt wertfrei und damit bedingungslos. In den zahllosen Berichten wird immer wieder betont, dass wir selbst unser einziger wirklicher Feind sind, und dass nur wir selbst uns in der Lebensrückschau verurteilen. Sobald wir den Blickwinkel der Liebe in unser Leben integrieren, werden wir frei. Liebe zeigt immer mehrere Möglichkeiten für andere Wege und fördert dadurch Unterscheidungsfähigkeit, Selbsterkenntnis und Klarsicht.
Die Begegnung mit dem Licht zeigt auf, dass wir mit allen individuellen Mängeln geliebt werden können – wir sind liebenswert! Dahinter steht die Erkenntnis der Selbstakzeptanz: sich als Mensch oder geistiges Wesen so anzunehmen wie wir sind. Wer diesen Schritt in seinem Leben vollziehen kann, wird frei – vor allem von den Urteilen und Meinungen anderer. Er wird sich seiner selbst bewusst. Als Folge ist er dann imstande, auch den anderen so zu akzeptieren, wie er ist. Das ist mit Sicherheit eine der schwierigsten Lektionen unseres Lebens. Der Grundirrtum besteht bei vielen Menschen darin, dass sie glauben, einen anderen Menschen verändern zu können oder gar zu müssen! Dadurch ziehen wir viel Leid auf uns.
Die Nahtoderfahrung hat viele Menschen von ihrem konditionierten Selbst und vorprogrammierten Leben befreit, weil die Wissenden sich ihrer eigenen inneren Stimme bewusst wurden. Dadurch sind sie authentisch geworden. Sie lassen sich nicht länger von den Erwartungen anderer oder der Gesellschaft diktieren, wie sie zu leben haben. Hier liegt ein entscheidendes Sprengpotenzial an Erkenntnis für uns alle: *Lassen Sie Ihre eigene innere Stimme wieder in Ihr Leben ein!*

Vertrauen Sie darauf, handeln Sie danach und tun Sie das, was Sie wirklich tun wollen, denn das ist Ihre eigentliche Aufgabe in diesem Leben.

Dadurch kann der natürliche Kern des wahren Selbst befreit werden und zum Tragen kommen, was zu einem völlig neuen Lebensverständnis führt. Das ist natürlich ein Prozess, der viel Zeit braucht. Außerdem stehen hier nicht selten Angehörige und Freunde im Wege, die der rapiden Persönlichkeitsveränderung nicht unbedingt positiv gegenüberstehen.

Das Wissen um die klare Botschaft des Lichtes führt zu einer Zunahme des Selbstwertgefühls und des Selbstvertrauens. Sobald das alte verkrüppelte Selbst – eine auf Ängsten beruhende Anhäufung von Abwehrhaltungen und Kompromissen – wegfällt, sind seine Krücken nicht mehr nötig. Das Resultat ist Mut; man kann endlich auf sich selbst vertrauen! Natürlich geht es vor allem darum, die innere Stimme nicht nur zu hören, sondern das Wahrgenommene praktisch anzuwenden: Jede Erkenntnis muss im alltäglichen Leben umgesetzt werden, sonst nützt sie nichts.

Dabei geht jeder seinen eigenen Weg, um sein authentisches Selbst neu auszudrücken und aufzubauen. Das Licht vermittelt eine universelle Lehre, die auf jeden Menschen zutrifft.

Hier eine kurze Zusammenfassung dieser Essenz:

- Jedem Menschen werden unendliche Liebe und unendliches Mitgefühl zuteil. Für das Leben jedes Menschen existiert ein Plan, man könnte auch sagen, eine Blaupause, die anzunehmen oder abzulehnen uns freisteht. Das Licht hilft uns, sie herauszufinden. Wenn wir uns dem Licht öffnen, dann werden wir unseren Weg automatisch finden und gehen können. Wir erkennen es daran, dass wir Freude am Leben empfinden können.
- Verurteilung tötet, Liebe heilt. Das Licht ist reine, be-

dingungslose Liebe und verurteilt nie, sondern führt uns vorsichtig zu unserem wahren Selbst. Der Kern unseres Seins ist dieses Licht. Es ist nicht etwas, das außerhalb von uns existiert. Wenn wir das in uns und in anderen erkennen können, können wir jegliche Verurteilung einfach lassen. Wir erkennen, dass die Wurzel von allem Negativen im Leben Selbstverdammnis, Angst und Schuld sind, als Formen ewiger Selbstzerfleischung. Das Annehmen von allem wie es ist, ist Liebe.

Daneben hat das Licht eine heilende Kraft. Es liegt nahe, dass bei einer NTE tatsächlich eine elektrische oder energetische Übertragung stattfindet, die nach der Rückkehr ins Leben das elektromagnetische Feld der Nahtoderfahrenen beeinflusst. Es erfolgt eine fundamentale Neustrukturierung, womit energetische Veränderungen einhergehen können, die zu den festgestellten Heilkräften führen können. Das Licht selbst scheint dabei die heilende Kraft zu sein, wobei die Betreffenden dessen Heilkraft weiterleiten können. Im Grunde genommen geht es bei der Lebensrückschau um universelle Wahrheiten, die jeden von uns betreffen.

Die Lebensbilanz: Wer war froh, dass es Dich gab?

In der Regel ist der Mensch nicht auf seinen Tod vorbereitet, wann immer dieser in sein Leben tritt. Auch bei Menschen mit tödlicher Diagnose ist dies nicht anders. Es zeigte sich aber auch, dass das letzte Lebensjahr als Chance für seelisches Wachstum und innere Heilung begriffen werden kann, wenn eine ehrliche Lebensbilanz vorgenommen wird. Wir alle haben angesichts eines solchen Rückblicks das Gefühl des Versagens, erkennen manche Dinge, die wir zutiefst bedauern. Die vielen

unerledigten Lebensgeschäfte verhindern das Ins-Reine-Kommen mit sich selbst, da häufig erst auf dem Totenbett erkannt wird, an der eigenen Lebensaufgabe vorbei gelebt zu haben. In der Geschäftigkeit des Alltags und der Jahre, die dann an uns vorbeiziehen, wurden zu oft die wichtigen Dinge auf später verschoben: Das betrifft vor allem das spirituelle Wachstum, das vernachlässigt wurde, und die bittere Erkenntnis und Bestürzung darüber, wie wenig echte Freude es im Leben gab, wie wenig echte Liebe. Oft wird in der Hektik des Alltags die Wichtigkeit und Kostbarkeit des Augenblicks vergessen, und der wahre Wert einiger Beziehungen wird zu spät erkannt. Die faulen Kompromisse unseres Lebens türmen sich auf, die Fehler sind kilometerlang, und ein Scherbenhaufen unerledigter Geschäfte türmt sich auf. Die Frage, die dann »quält, weil sie wirklich zählt«, ist: »Wer war froh, dass es dich gab?«
Die kürzlich verstorbene Hildegard Knef hat sich mit diesem Thema in einem ihrer letzten Chansons auseinander gesetzt.[83] Sinnigerweise wurde es bei ihrer Trauerfeier in der Gedächtniskirche gespielt. Die Knef war durch zahllose Operationen, Krankheiten und mehrere Komaerfahrungen vom Schicksal hart geprüft.

Wer war froh, dass es Dich gab?

Egal, ob man es mag, doch es kommt der Tag
wo einer fragen wird, was den Menschen an Dir lag.
Drum stell' Dich seinem Blick,
versuche keinen Trick,
Du lügst Dir keinen Fluchtweg frei ins Grab.
ER lässt Dir keine Ruh', fragt unerbittlich:
»Du, gib mir Antwort, wer war froh, dass es Dich gab?«
Und Du, Du blickst zurück, betrachtest Dein Geschick,

ein Scheiterhaufen, der geduldig brennt.
Jedes Wort zerbricht, doch trifft's die Sache nicht,
Visionen, die man fürchtet und erkennt.
Die Gesichter Deiner Lieben durch die Zeit,
verdunkelt und umwölkt von Traurigkeit.
Gib mit Antwort ...
Wer war froh, dass es Dich gab?
Und die Frage quält, weil sie wirklich zählt:
War Dein stolzer Fels im Strom - nur ein Phantom?
Deine Eitelkeit trieb Dich weltenweit,
Du hast gebetet - doch im falschen Dom!
Was Du hinterlässt, war nur ein schales Fest!
Du bestehst ihn nicht, den großen Abschiedstest.
Gib mir Antwort ...

Nachdem nun der Text zitiert wurde, wollen wir seine Tiefe genauer ausloten, weil er uns helfen kann, den eigentlichen Sinn unseres Lebens zu verstehen.
Wir sind es gewohnt, die wichtigen Dinge des Lebens auf später zu verschieben. Aber dieses »später« kommt häufig doch früher als erwartet oder anders. Wenn es uns vor der Zeit trifft, werden all die unerfüllten Träume zu einer zentnerschweren Last, weil das Gefühl vorherrscht, dass das eigene Leben unvollständig ist. Dadurch entsteht die Wahrnehmung des Scheiterns, wie es im Knef-Gedicht heißt: »nichts, als ein schales Fest«, hinterlassen zu haben.
Wenn wir uns die Frage vorlegen: »Wer froh war, dass es uns gab?«, und sie ehrlich und wahrhaftig beantworten, geht es schlicht und einfach um die Sinnhaftigkeit unserer Existenz schlechthin. Die Knef macht uns eindringlich darauf aufmerksam, dass wir dieser Frage nie wirklich ausweichen können. Wir können uns natürlich lange etwas vormachen, uns selbst

belügen, den Kopf in den Sand stecken - aber jeder von uns, ausnahmslos, steht eines Tages vor seinem Tod, ob es uns gefällt oder nicht.
In den millionenfach heute vorliegenden Nahtoderfahrungen wird die Lebensrückschau als Selbsterkenntnis-Instrument dargestellt. Wir schauen uns selbst ungeschminkt ins Gesicht. Wir können nicht länger verleugnen, welche Auswirkungen alle Gedanken, Worte und Taten unseres Lebens gehabt haben. In diesem Blick der bedingungslosen Liebe »gibt es keinen Trick«, sich herauszulügen, weil die Frage, »was den Menschen an dir lag«, die existenziellen Seinsfragen schlechthin beinhaltet:
Hast du genug geliebt? Hast du dich um andere Mitmenschen gekümmert? Warst du da, als andere dich brauchten? Oder bist du nur weggelaufen, bist leeren Vergnügungen und Oberflächlichkeiten nachgelaufen? Hast du erkannt, wozu du hier bist?
Hildegard Knef macht uns zwischen den Zeilen aufmerksam, dass, angesichts der Liebe, die wir dort erfahren, kein Mensch den »Abschiedstest« bestehen kann. Wenn wir unser Leben ehrlich betrachten, hinterlassen wir »einen Scheiterhaufen, der geduldig brennt«.
Und doch brauchen wir uns eigentlich nur wiederzuerinnern, wer wir wirklich sind: geistige Wesen auf dem sicheren Rückweg nach Hause in die ewigen Gefilde der allesumfassenden Liebe GOTTES. Wir können uns meist selbst nicht annehmen, sind aber von IHM längst angenommen, da wir immer ein Teil von GOTT sind und in GOTT. Wenn wir das frühzeitig in unserem Leben erkennen, können wir den »Scheiterhaufen« vor der Zeit bereinigen.
In der für alle gleich gültigen geistigen Gesetzmäßigkeit gibt es nur zwei Wahlmöglichkeiten: Liebe oder Mangel an Liebe. Daraus entwickelt sich das kontinuierliche Drama der Mensch-

heit. Mangel an Liebe ist Angst, Hass, Verzweiflung, Bosheit, Schuldgefühl. Es ist leider die Angst als Mangel an Gottvertrauen, welche die bizarrsten und kriminellsten menschlichen Eigenschaften hervorruft, was wir als das Böse bezeichnen. Somit ist es die Angst vor Liebe, die Angst, sich ins Leben fallen zu lassen, die Angst, die Vergangenheit loszulassen, die das wahre Entfaltungspotenzial des Menschen blockiert. Daraus resultiert die Angst vor dem Tod, weil es die Angst des Verstandes ist, die Kontrolle zu verlieren und loszulassen. Leider suggeriert uns der Verstand die falschen Worte ein; es sind Worte, die wie Steine verletzen.

Angesichts der Lebensrückschau geht es nicht um Worte, sondern um intuitives Gewahrsein. Worte sind Flickwerk in der Zeit, die häufig nicht auszudrücken vermögen, was intuitiv gefühlt und wahrgenommen wird. Worte sind der Kern aller menschlichen Missverständnisse: »jedes Wort zerbricht, doch trifft's die Sache nicht!« Erst jenseits der Worte entstehen die Bilder und Visionen, welche die ungeschönte Erkenntnisfähigkeit der Bewusstseinserweiterung überhaupt ermöglichen. Die wahren Zusammenhänge unseres Lebens werden geschaut. Wir fürchten die Wahrheit, weil wir ihr im Leben so gerne ausweichen. Wir lieben uns selbst nicht, akzeptieren uns nicht und können deswegen auch andere nicht lieben.

»Visionen, die man fürchtet und erkennt.
Die Gesichter Deiner Lieben durch die Zeit,
verdunkelt und umwölkt von Traurigkeit«, wie es Hildegard Knef ausdrückt, lassen das Scheitern erkennen, die Freudlosigkeit, da wir uns nun über die eigenen Motive unserer Handlungen und Worte nicht mehr hinwegtäuschen können. Wir stehen nackt vor unserer eigenen Wahrheit und sind unser eigener Richter. Ein Leben lang wetzen wir die Messer, urteilen und beurteilen und knüpfen unsere Liebe an Bedingungen. Wir

gebärden uns als wichtig, als »stolzer Fels im Strom« und machen uns doch nur etwas vor. Wir laufen vor unserer eigenen Wahrheit davon und »beten nicht selten im falschen Dom«.

Wir verherrlichen die Götzen unserer Überheblichkeit im hemmungslosen Streben nach weltlichem Materialismus. Leider erkennen wir nicht, dass uns die materielle Scheinsicherheit niemals vor den Wechselfällen des Lebens schützen kann.

All unsere Selbsttäuschungen in Bezug auf uns selbst und auf andere Menschen gilt es zu heilen – am besten nicht erst auf dem Totenbett! Wir brauchen nur gelegentlich inne zu halten, die Stille zu suchen und das Leben Revue passieren zu lassen, um uns selbst zu erkennen. So lange wir leben, können wir bereinigen, die Last der Jahre abstreifen, neu anfangen im Hier und Jetzt des Augenblicks.

Dadurch erobern wir Schritt für Schritt unser Leben zurück. Sich erinnern bedeutet auch immer loslassen, und das stärkt unser Selbstvertrauen und damit das Vertrauen in den Prozess der Bereinigung. Unser Leben, und um nichts anderes geht es, bekommt eine neue Klarheit durch Achtsamkeit und Bewusstseinserneuerung. Das Potenzial bewussten Wiedererinnerns führt zur Befreiung von der Beklommenheit und Angst vor dem Tod. Die Vorbereitung darauf möglichst früh im Leben ist einer der tiefsten Heilungsakte. Es befreit uns, heilt uns und stärkt unser Gottvertrauen und damit unser Vertrauen in den Fluss unseres Lebens. Die Lebensrückschau bietet uns die Erkenntnis, wie wir Dinge verändern können, um wirklich seelisch und geistig zu wachsen und endlich angstfrei lieben zu können.

Nichts in unserem Leben geht verloren, alles ist gleich wichtig für unseren Erkenntnisprozess. Weder Angst noch Schmerz können die Hoffnung trüben auf die Gnade des Verzeihens, vor allem sich selbst. Wirkliche Selbstakzeptanz lernen wir dadurch, dass wir uns selbst vergeben können. Wir ernten, was wir säen, weil alle unsere Emotionen, Gedanken, Worte und Taten in uns gespeichert sind.

Wir leben unser Leben gewöhnlich ziemlich oberflächlich, völlig von körperlichen Empfindungen abhängig und sind den sich wild bekämpfenden Gedanken ausgeliefert. Zu oft lassen wir uns gern von äußeren Reizen verführen, ablenken und täuschen und wenden uns vom eigentlichen Sinn des Lebens ab.

Die Beklommenheit, wenn Unsichtbares und Unbekanntes an unser Inneres klopft, wenn unsere Intuition gefordert wird, lässt uns zu schnell äußere Ablenkung suchen, statt auf die innere Stimme des Herzens zu hören. So entgeht uns nicht selten in der lauten Schnelllebigkeit unserer Zeit, der Hektik des Alltags, die sanfte Stimme des Gewissens mit der Gewissheit des göttlichen Funkens in uns.

In den computervernetzten Internet-High-Tech-Straßen werden wir diese subtilen Strömungen des menschlichen Geistes kaum verspüren, auch nicht im bunten Treiben der Medien, die den Geist nur ablenken. Die Illusion des schönen Scheins und der Glaube an die Wissenschaft zerbricht – spätestens angesichts des eigenen Sterbenmüssens oder der Bewältigung von Leid.

Da es »keinen Fluchtweg, frei ins Grab gibt«, wie Hildegard Knef uns aufzeigt, liegt die Verantwortung für unser Leben, für die Menschlichkeit schlechthin, die in diesem Text von uns gefordert wird, in unserer eigenen Hand. Unsere eigentliche Aufgabe ist es, das Wissen um die Lebensrückschau praktisch umzusetzen. Wenn wir bedingungslose Liebe leben würden, gäbe es keine »Tränen auf Gesichtern, die wir liebten«. Alle unsere Schicksalsschläge, Leidenserfahrungen und Verluste, die wir hinnehmen müssen, sind in Wirklichkeit Geschenke, wie es Elisabeth Kübler-Ross ausdrückt. »... es ist eine Gelegenheit, die einem gegeben wird, um seelisch zu wachsen. Dies ist der alleinige Grund unserer Existenz auf Erden.«

Die Frage: »Wer war froh, dass es dich gab?«, wird so zum Maßstab unserer Liebesfähigkeit. Wir sollten uns diese Frage immer wieder stellen, darüber meditieren, um den entstehenden Schmerz dann loszulassen. Ein ständig sich erneuernder Prozess, der zur Ganzwerdung führt.

Die Essenz dieser lebensnotwendigen Selbstbesinnung lässt sich folgendermaßen zusammenfassen:

Es gibt keine Verdammnis – du wirst nicht verurteilt.

Du bist bei einem Wesen, das dich bedingungslos liebt.

Du erfährst vollkommenes Mitgefühl.

Dir ist bereits vergeben.

Du sollst nur dein Leben betrachten und verstehen.

Das Geheimnis ist, dir selbst zu vergeben.

Bei einer solchen Lebensrückschau sind alle Filter, durch die ein Mensch sich früher eventuell vor sich selbst und anderen abgeschirmt hat, entfernt. Das Verständnis wird durch nichts mehr getrübt. Es besteht keine wirkliche Trennung mehr zwischen uns und den anderen. Die eigentliche Täuschung besteht in unserer scheinbaren Isolation als Individuum. Wir sind in Wirklichkeit nie getrennt von anderen Menschen. Da diese ein Teil von uns sind und wir von ihnen, können wir durch eine vorurteilsfreie Identifizierung mit ihnen die Wechselwirkungen erkennen.

Wir sind alle Teil eines großen, lebendigen Universums. Das grundlegende Lebensprinzip ist die Verbundenheit und Einheit eines jeden mit allem. Hinter allem Sein ist ein feines Netz gespannt, eine Struktur, die ewig und überall existiert. Unser Bewusstsein spürt schon im Leben manchmal dieses feine Band der Ganzheit. So können die Lektionen der Lebensrückschau zu einem Katalysator des globalen Wandels werden.

Wenn wir uns selbst verändern, kann sich die Welt verändern. Es ist die Aufgabe eines jeden von uns, zu seinem eigenen authentischen Selbst zu finden. Damit wir uns und anderen verzeihen können. Dadurch kann aller überflüssiger Ballast losgelassen werden.
Hinter den Umständen unseres Lebens, hinter allen Situationen, mit denen wir konfrontiert werden, steht unsere einzigartige Persönlichkeit. Das ist das eigentliche Ziel unseres Lebens: das eigene wahre Selbst zu erkennen, zu leben und dadurch weiterzuentwickeln. Haben Sie den Mut, authentisch zu sein, seien Sie echt!

ANHANG

Im Anhang finden Sie

- Hörbuchtext zur CD »Auch Du lebst ewig – Eine spirituelle Reise in die Unsterblichkeit«
- Begriffserläuterungen
- Anmerkungen
- Literatur
- Danksagung
- Kontakt

Das Hörbuch: »Auch Du lebst ewig – Eine spirituelle Reise in die Unsterblichkeit«

Der folgende Text beinhaltet das gesamte Hörbuch, das Bernard Jakoby zusammen mit dem vorliegenden Buch veröffentlicht hat. Die CD ist unter dem Titel »Auch Du lebst ewig - eine spirituelle Reise in die Unsterblichkeit« bei den Buchverlagen Langen Müller Herbig erschienen. Dem Hörer wird hiermit die Möglichkeit gegeben, für eigene Zwecke auf bestimmte Textpassagen direkt zuzugreifen.

Hierbei entsprechen die Überschriften denen auf der CD. Wiederholungen von Textinhalten dieses Buches sind daher beabsichtigt!

Die Erkenntnisse der Sterbeforschung

Ich möchte Sie zu einer Reise einladen, einer Reise, die Sie jenseits bekannter Gefilde führt und Ihnen eine ganz andere Wirklichkeit vermittelt. Es ist die letzte Reise, die wir alle früher oder später antreten werden: Es ist der Übergang, den wir Tod nennen. Es ist des Menschen wichtigste Reise, und wir treten sie bereits im Augenblick unserer Geburt an. Der Tod ist Ziel und Zweck unseres Lebens, der Übergang in eine andere Form des Seins. Ob wir ihn fürchten oder als Freund begreifen, ob wir den Tod als Ziel unserer Erdenreise verleugnen und am liebsten nicht ankommen möchten, wir Menschen sind sterblich.

Diesseits und Jenseits können nicht voneinander getrennt werden. Die Reise in die Unsterblichkeit ist kein Ort, sondern sie führt uns in einen anderen Bewusstseinszustand. So kann unsere Reise für Sie ein Führer sein in dieses unbekannte Land jenseits der Zeit. Um den neuen Zustand nach dem Tod glücklich und bewusst zu erreichen, ist es wichtig für jeden von uns zu wissen, was im Moment unseres

Todes mit uns geschieht. Zuvor erfahren Sie die wichtigsten Fakten der heute vorliegenden Erkenntnisse der Sterbeforschung.

Es hat zu allen Zeiten der Geschichte Menschen gegeben, die einen Einblick in andere Welten und Realitäten erhalten haben. Das Vorhandensein bewusstseinserweiternder Erfahrungen, mystischer oder transzendenter Erlebnisse wie auch Todesnäheerlebnisse sind im Schrifttum aus allen Epochen der menschlichen Geschichte überliefert. Jeder Kulturkreis hat versucht, eine Antwort auf die Frage zu finden: »Was geschieht, wenn wir sterben?«

Auch heute ist das nicht anders. Viele Menschen ahnen, dass unser Leben mehr ist, als was dem Alltagsbewusstsein zugänglich ist. Das Bedürfnis nach Sinndeutung gehört zum Wesenskern des Menschen. Wissenschaftler aller Disziplinen haben im vergangenen Vierteljahrhundert systematisch die Nahtoderfahrung erforscht, und es entstand daraus die »Thanatologie«, die Sterbeforschung. Diese Untersuchungen und Erkenntnisse sind sehr umfassend. So wurden spezifisch NTEs bei Blinden untersucht. Es gibt Studien, die sich mit NTEs bei Kindern befassen. Darüber hinaus wurden die Persönlichkeitsveränderungen und Langzeitauswirkungen von NTEs erforscht. In den letzten Jahren befasste man sich auch eingehender mit den »Höllenerfahrungen«, die früher gerne unterschlagen wurden.

Nahtoderfahrungen sind heute ein Massenphänomen. Weltweit kann von 50 Millionen Menschen ausgegangen werden, die eine Todesnäheerfahrung gemacht haben. Eine Langzeitstudie der Universität Konstanz (September 1999) belegt für Deutschland einen Anteil von 3,3 Millionen Menschen mit NTE.

Die Sterbeforschung gilt heute nach wie vor als ein Randgebiet klinischer Arbeit und hat bisher wenig am Menschenbild von Medizin und Naturwissenschaft verändert. Sie wird von weiten Teilen der Ärzteschaft nicht ernst genommen. Eine nähere Beschäftigung damit würde erhebliche Konsequenzen im Umgang mit Sterbenden und Reanimierten nach sich ziehen: Der Arzt wüsste dann, dass sein Handeln vom Betroffenen wahrgenommen wird. Es gibt bestimmte Grundmuster und Merkmale einer Nahtoderfahrung, wobei diese nicht immer vollständig erlebt werden. Im Folgenden werde ich den Kode der Nahtoderfahrung genauestens erläutern.

Der Kode der Nahtoderfahrung – das Gefühl, tot zu sein

Viele Menschen nehmen sich als körperlos oder extrem leicht wahr. Es ist ihnen absolut klar, dass sie gestorben sind.

Frieden und Schmerzfreiheit

Es kommt zu einer Stimmungsaufhellung mit Gefühlen von Leichtigkeit, Wohlbefinden, Friede und Glück. Wichtig zu wissen ist es, dass Menschen mit schweren Schmerzen sich bei Nahtoderfahrungen schmerzfrei fühlen. Der Schmerz endet, sobald der Körper hinter sich gelassen wird.

Das Erlebnis der Außerkörperlichkeit

Das Erleben der Außerkörperlichkeit, wie es von Betroffenen immer wieder berichtet wird, stellt eine immense Bewusstseinserweiterung dar. Alle Begrenzungen des Körpers sind aufgehoben, und der Mensch nimmt alle Dinge wahr, die sich im Umfeld seines »klinischen Todes« ereignen. Die Nahtoderfahrung ist ein umfassender Erkenntnisvorgang, weil Bewusstsein unabhängig vom Gehirn existiert. Im außerkörperlichen Zustand ist die Seele weder im Raum noch in der Zeit lokalisiert und unbegrenzt.

Das Tunnelerlebnis

Der Tunnel ist der Übergang in die geistige Welt. Manche berichten davon, durch eine Dunkelheit oder Leere hindurchgegangen zu sein.

Andere sprechen von Straßen, Korridoren, Flüssen, Räumen, Bergpässen, Brücken, langen Gängen oder gar dunklen Wolken. Manche nehmen auch Geräusche wahr, von einer Art Rauschen bis hin zu ätherischer Musik. In jedem Fall vollzieht sich während dieses Übergangs eine immense Erweiterung des Bewusstseins. Durch die enorme Geschwindigkeit der Durchquerung des Tunnels kommt es zu einem Zusammenbruch des Raum- und Zeitempfindens. Nun wird die geistige Welt wahrgenommen. Der Übergang stellt die Verbindung zu einer anderen Dimension her.

Begegnung mit Verstorbenen oder Lichtwesen

Während einer Nahtoderfahrung kommt es sehr häufig zu einer Begegnung mit schon verstorbenen Angehörigen. Bei der Durchquerung des Tunnels berichten zahlreiche Erlebende davon, die Anwesenheit von Verstorbenen wahrgenommen zu haben. Diese Wesen erscheinen in der Form, wie man sie gekannt hat; die Kommunikation erfolgt durch Gedankenübertragung. Alle bis heute vorliegenden Studien weisen darauf hin, dass es sich in diesen Visionen immer um schon verstorbene Angehörige handelt. Daraus ergibt sich, dass niemand alleine stirbt.

Die Lichterfahrung

Die Begegnung mit dem Licht wird als reine, bedingungslose Liebe dargestellt. Es handelt sich um die größtmögliche Liebesenergie überhaupt. Nun wird Frieden, Harmonie, Geborgenheit und Heimat erfahren. Die Menschen spüren ihr volles Ich-Bewusstsein. Das strahlend schöne Licht wird zum Inbegriff absoluter Liebe, absoluten Begreifens. Gefühle höchster Seligkeit werden ausgelöst, und alles Irdische wird zurückgelassen. Wir sind zu Hause.

Die Lebensrückschau

Bei der Lebensrückschau erleben wir jede Situation unseres Lebens noch einmal. Dabei werden wir mit den Folgen unserer Gedanken, Worte und Taten auf andere konfrontiert. Ein Betroffener schildert: »Mein ganzes Leben bis hin zur Gegenwart wurde mir in einer Art dreidimensionalem Panoramarückblick gezeigt und jedes Ereignis war begleitet von einem Bewusstsein von Gut oder Böse oder einer Einsicht von Ursache und Wirkung. Ich nahm nicht nur mein ganzes Leben von meinem eigenen Blickwinkel wahr, sondern nun wusste ich alle Gedanken von jedem Beteiligten eines Ereignisses, als würde ich ihre Gedanken denken. Das bedeutet, dass ich nicht nur wahrnahm, was ich getan und gedacht hatte, sondern sogar, in welcher Weise es andere beeinflusst hatte, als ob ich die Dinge mit allwissenden Augen sah. Insofern sind all deine Gedanken präsent, nicht verloren. Während des Rückblicks wurde die ganze Zeit auf die Wichtigkeit der Liebe hingewiesen.«

Die widerwillige Rückkehr

Die Rückkehr in den Körper erfolgt auf zweierlei Weise: Sie kann von den Betroffenen gewünscht sein, oder gegen seinen Willen erzwungen werden. Jeder, der die Ekstase des Lichtes erlebt hat, weiß nun vom Vorhandensein einer Kraft der Liebe, die unbeschreiblich ist und die als eigentliche Heimat erkannt wird. Auf dieser Ebene des Erlebens zeigt sich, dass der Grund für die Rückkehr unvollendete Aufgaben oder nicht gelöste Probleme sind.

Persönlichkeitsveränderungen

Grundsätzlich wird eine deutlich gesteigerte Wertschätzung des alltäglichen Lebens erfahren. Diese Menschen entwickeln ein größeres Selbstwertgefühl und können sich selbst besser annehmen.

Die Ehrfurcht vor dem Leben an sich steigert sich. Auffällig ist, dass sich jegliches materielles Streben verändert und als sinnlos und leer empfunden wird.
Nahtoderfahrene sind von einem enormen Wissensdurst erfüllt, was zu jahrelanger Suche nach geistiger Erkenntnis führen kann. Der Augenblick des Todes wird als befreiender Übergang in eine andere Form des Seins begriffen, wodurch die Angst vor dem Tod überwunden wird. Es kommt zu der Überzeugung, dass sie nach dem physischen Tod weiterleben und dass Gott wirklich existiert. Daneben wird die Entwicklung übersinnlicher Fähigkeiten beschleunigt und es kann zu paranormalen Fähigkeiten kommen.

Was geschieht, wenn wir sterben

Die unmittelbar erste Erfahrung, die jeder Mensch macht, nachdem die Seele den Körper verlassen hat, ist, das der Verstorbene sich als ganz und heil empfindet und schmerzfrei ist. Mancher ist verwirrt, wenn er sich an seinem eigenen Totenbett stehen sieht. Der Verstorbene nimmt seinen abgestreiften Körper wahr, wie auch alles andere, was sich im Umfeld seines Übergangs ereignet. Manche erkennen nicht, dass sie gestorben sind, weil sie sich äußerst lebendig fühlen und vergeblich versuchen, sich den Angehörigen oder Anwesenden bemerkbar zu machen.
Manche werden von ihren vorangegangenen Angehörigen erwartet. Das Gefühl, unsichtbar und unhörbar geworden zu sein, irritiert manchen Verstorbenen. Alle Begrenzungen des Körpers sind aufgelöst und der Verstorbene erkennt, dass er sich in Gedankenschnelle überall hinbewegen kann, wohin es der Seele beliebt: Wenn sie einen bestimmten Blickwinkel einnehmen will, macht sie diese Erfahrung sofort. Wenn jemand Kinder hat und an sie denkt, befindet sich die Seele augenblicklich in deren Gegenwart, wo immer die Kinder sich aufhalten. Jede Distanz wird in Gedankenschnelle überwunden, da der Tod eine immense Bewusstseinserweiterung darstellt, die es auch ermöglicht, sich an mehreren Orten gleichzeitig aufzuhalten.

Das Bewusstsein erfährt nach dem Übergang einen Wechsel der Perspektive und des Verständnisses, da in der geistigen Welt alles gleichzeitig gegenwärtig ist und keine Zeit mehr existiert. Insofern erleben wir das Bewusstsein, in welchem wir sterben. Wir begegnen uns selbst in unseren Wünschen, Ängsten und Gedanken. Das ist Himmel und Hölle, da jeder Mensch in seiner eigenen Gedankenschöpfung gefangen ist. Insofern wird die Welt, in der wir auf der anderen Seite leben werden, durch unsere eigene Denk- und Vorstellungskraft erschaffen. Im Normalfall wird ein Verstorbener schnell begreifen, dass er seine Umgebung durch seine Gedanken erschafft.

Nach dem Ablegen des Körpers wird ein Schwingungswechsel vollzogen, der uns in diese andere Form des Seins katapultiert. Das beginnt schon beim sterbenden Menschen, der durch die sich verändernde Körperenergie, die nun durchlässiger wird, imstande ist, Verstorbene oder Geistwesen wahrzunehmen.

Es ist wichtig zu wissen, dass der freie Wille auch nach dem Tod weiterbesteht. Deshalb ist das Erleben nach dem Tod auch individuell unterschiedlich und erheblich davon geprägt, wie die Erwartungen eines Verstorbenen hinsichtlich eines Lebens nach dem Tod aussehen. Unbewältigte Angst und Schuldgefühle können Negativerfahrungen produzieren, die aber keine objektive Realität darstellen, sondern die unbewältigten, sich nun manifestierenden Konflikte der eigenen Innenwelt zeigen.

Die Forschungen über Höllenerfahrungen haben aufgezeigt, dass sobald die Ängste losgelassen werden können, diese verblassen und sich eine positive Lichterfahrung einstellt. Die Mystiker nannten das die dunkle Nacht der Seele, die durchschritten werden muss, um ins Licht zu gelangen. Was wir nach unserem Tod erleben, ist das Ergebnis der eigenen Wahl. Die Hölle kann tatsächlich so lange erlebt werden, wie wir das wählen. Sie ist aber nur ein Bewusstseinszustand und kein realer Ort. Je mehr wir die immense Bewusstseinserweiterung erfassen und akzeptieren und uns dem Licht zuwenden können, desto größer wird die Seligkeit des Erlebten, die bis ins mystische Einssein, den Urgrund aller Dinge, führen kann.

Zusammenfassend markieren folgende Punkte den Übergang eines Menschen in eine andere Form des Seins:

1. Verstorbene empfinden sich als über ihrem Körper schwebend.
2. Sie versuchen sich an festen Objekten zu orientieren, durch die sie aber hindurchgreifen.
3. Sie sind häufig verwirrt darüber, dass sie nicht mit den Angehörigen kommunizieren können.
4. Durch die Bewusstseinserweiterung der außerkörperlichen Erfahrung nehmen sie unabhängig von ihrem Körper Dinge und Personen wahr.
5. Sie haben das Gefühl, nun von dem Ort ihres Todes weggezogen zu werden, empfinden aber einen tiefen Frieden und sind ohne Angst.
6. Dann durchschreiten die Verstorbenen einen Tunnel oder anderen Übergang, an dessen Ende ein Licht aufscheint. Sie begegnen Lichtwesen oder vorangegangenen Verstorbenen.
7. Die Verschmelzung mit dem Licht wird als die größte bedingungslose Liebe berichtet, die kaum zu beschreiben ist.
8. Dann erfolgt eine Art Lebensrückblick, wo wir als beteiligter oder unbeteiligter Zuschauer die Summe unserer Gedanken, Worte und Taten erkennen können. In der Gegenwart des liebenden Lichts wird klar, dass wir aus dem einzigen Grund hier auf Erden inkarniert sind, um seelisch und geistig zu wachsen und lieben zu lernen.

Was wir von den Nahtoderfahrungen für unser eigenes Leben lernen können

1. Der Tod ist nichts, wovor wir uns fürchten müssen, da der eigentliche Übergang friedvoll, leicht und schön ist. Der Tod ist nicht das Schlimmste, was einem im Leben widerfahren kann.
2. Das Leben ist ewig – in Wirklichkeit sind wir alle unsterblich. Es gibt einen Ort in der geistigen Welt, von dem wir alle ausnahmslos herkommen und zu dem wir immer wieder zurückkehren – wir müssen uns nur wiedererinnern.

3. Das Wichtigste im Leben ist die Liebe. Die Lichterfahrung wird immer mit bedingungsloser, nie gekannter Liebe beschrieben. Die Essenz, der Kern allen Seins, ist Liebe, bleibt Liebe und wird immer Liebe sein. Gott ist Liebe.
4. Wir sind nicht unser Körper: Diese wichtige Erkenntnis hilft uns, die Angst vor dem Leben und vor dem Tod loszulassen. Der Mensch verfügt über eine unsterbliche Seele, die Träger eines eigenständigen Geistes ist. Dieser Geist, ausgestattet mit einem Bewusstsein seiner selbst, existiert unabhängig von unserem Körper.
5. Der Mensch hat einen freien Willen. Selbst nach dem Tod kann er interaktiv sein Leben Kraft seiner Gedanken weiterbestimmen: Was wir erleben, entspricht unserem Bewusstseinszustand im Augenblick des Überganges. Ob wir »Himmel« oder »Hölle« erleben, entspricht den eigenen Gedanken und dem freien Willen.
6. Für alles, was uns im Leben widerfährt, gibt es einen Grund. Nichts ist sinnlos, nichts geht verloren. Es gibt keinen Zufall. Das kann zu außerordentlicher Gelassenheit führen, weil wir dadurch lernen können, die Dinge zu nehmen, wie sie sind, statt sie immer weiter zu beurteilen, was fast immer zu Angst, Zorn, Wut, Aggression, Schmerz etc. führt. Die Herausforderungen des Lebens sind Lektionen, an denen wir seelisch und geistig wachsen können. Das ist der alleinige Grund unserer Existenz hier auf Erden.
7. Sich selbst und anderen Menschen Liebe zu geben, ist das größte Geschenk, da wir von anderen nie wirklich getrennt sind. Es gibt ein großes Ganzes, zu dem wir alle ausnahmslos gehören.
8. Aus den Nahtoderfahrungen können wir die Aufforderung an uns alle erkennen, bewusst den Augenblick zu leben. Nicht die Vergangenheit oder eine nebulöse Zukunft bestimmen unser Leben, sondern ausschließlich der ewige Augenblick des Lebens, das Jetzt.
9. Wenn wir für das Leben offen sind, wie es gerade kommt, und uns nicht von den Gedanken und Erwartungen anderer bestimmen lassen, leben wir intensiver. Wir sollten versuchen herauszufinden, was unsere eigentliche Bestimmung ist – und diese dann leben.
10. Die Begegnung mit der bedingungslosen Liebe verweist in unserer Wirklichkeit darauf, dass Liebe allzu häufig an Bedingungen

geknüpft ist (wenn ... dann ...). Wenn wir Kinder haben, ist es das Wichtigste, was sie für ihr Leben lernen können, dass sie um ihrer selbst willen geliebt werden, nicht aber, weil sie Bedingungen erfüllen.

11. Geld und materieller Besitz sind niemals ausschlaggebend; was zählt ist, anderen beizustehen und ihnen zu helfen. Es gibt keine materielle Sicherheit, die uns vor irgendetwas bewahren kann – wir alle sind Teil eines göttlichen Plans, und jeder ist auf seinem eigenen geistigen Weg. Das sind ganz unterschiedliche Dinge für jeden von uns. Jeder muss auf seine eigene Weise die unterschiedlichsten Lektionen lernen und Erfahrungen sammeln.

12. Der Übergang, den wir Tod nennen, ist eigentlich das Wiedererinnern und Wiederfinden des größeren geistigen Sinnzusammenhanges unserer unvergänglichen Existenz.

13. Nahtoderfahrungen belehren uns in eindrücklicher Weise darüber, dass es keine Auslöschung unseres Bewusstseins gibt und dass der menschliche Geist nicht an eine materielle Form gebunden ist. Deshalb ist die Lektion des Loslassens so wichtig, weil sich alles in ständigem Wandel befindet.

14. Wir sollten uns alle klar machen, dass das, was wir Gott nennen, die Urkraft hinter allem Sein, wirklich existiert, weil wir untrennbar mit Gott verbunden sind.

15. Durch die beseeligende Vision des Lichts erkennt das Individuum die Vollkommenheit aller Schöpfung. Jeder ist ein unerlässlicher und integraler Bestandteil des Universums. Alles Wissen offenbart sich, und wir erkennen unsere wahre und ewige Heimat.

16. Der Tod ist als eine gewaltige Bewusstseinserweiterung zu verstehen: So immens und unvorstellbar, dass sie bis an den Kern der Schöpfung führen kann.

Die ultimative Nahtoderfahrung

Der Apostel Paulus schreibt im zweiten Korintherbrief über sein Bekehrungserlebnis vom Saulus zum Paulus und berichtet von seinem außerkörperlichen Erlebnis: »Ich kenne einen Menschen in Christus; vor vierzehn Jahren – ist er im Leib gewesen? ich weiß es nicht; oder ist er außer dem Leib gewesen? Ich weiß es auch nicht; Gott weiß es –, da wurde derselbe entrückt bis in den dritten Himmel. Und ich kenne denselben Menschen – ob er im Leib oder außer dem Leib gewesen ist, weiß ich nicht; Gott weiß es –, der wurde entrückt in das Paradies und hörte unaussprechliche Worte, die kein Mensch sagen kann.« (2. Kor. 12, 2-4)

Dieses unaussprechliche und unbeschreibbare Erleben, von dem der Apostel hier spricht, betrifft vor allem die Nicht-Beschreibbarkeit geistiger Zustände. Der Tod ist eine immense geistige Bewusstseinserweiterung, durch die wir in die Lage versetzt werden, Dinge in ihrer Ganzheit zu erfassen. In einem Zeitalter, in welchem sich die Wahrheiten der Nahtoderfahrung rapide auf dem Erdball ausbreiten, berichten immer mehr Menschen von Erfahrungen, die bis hin zur Verschmelzung mit Gott gelangen.

Hier ein paar kurze Auszüge von solchen Erlebnissen, die auffälligerweise den Beschreibungen in heiligen Schriften aller Völker oder den Erfahrungen der Mystiker ähneln. Mystische Erfahrungen können von jedem Menschen gemacht werden, unabhängig von Religionszugehörigkeit, Überzeugungen und Dogmen. Mystik ist in ihrem Kern ein erweiterter Bewusstseinszustand, ähnlich wie sich bei einer Nahtoderfahrung das Bewusstsein so weit erweitern kann, dass ein Erlebender die Einheit aller Dinge in Gott erfahren kann.

Der Mystiker erfährt eine Wirklichkeit, die in ihrer Glückseligkeit alles übersteigt, was über den Verstand vorstellbar ist. Die Frage »Wer bin ich?« und »Was ist der Sinn meines Lebens?« beantwortet sich angesichts der bedingungslosen Liebe und Einheit, die erfahren wird. Alle Widersprüche des Lebens lösen sich auf und die Wahrheit, dass Gott ist, wird zu einem allumfassenden Wissen.

Die Grundwahrheit, dass das Licht für jeden unabhängig von seiner jeweiligen Kultur und Religion der Eine Gott ist, die Urkraft hinter allem Sein, die Liebe ist, wird auch in Nahtoderfahrungen berichtet. Ein Betroffener erzählt: »... ich unterhielt mich mit dem Licht. Es nahm dabei ständig eine andere Gestalt an, die von Jesus, Buddha,

Krishna, von Mandalas, archetypischen Bildern und Zeichen. Ich fragte das Licht: ›Was geht hier vor?‹ Das Licht antwortete: ›... dass der jeweilige Glaube die Art von Feedback bestimmt, die man von dem Licht bekommt. Wenn man buddhistisch, katholisch oder fundamentalistisch orientiert war, bekommt man seine eigenen Sachen zurückgespiegelt ...‹«

Teresa von Avila, eine der größten Heiligen der katholischen Kirche, wurde häufig von ekstatischen Zuständen ergriffen. Was sie hier beschreibt, ist identisch mit einer Nahtoderfahrung: »Es schien mir, ich sei in den Himmel entrückt; und die ersten Personen, die ich da erblickte, waren mein Vater und meine Mutter.« Auch Teresa vergleicht ihre Erfahrungen mit dem Tod. Sie spricht häufig von dem Moment, »... da sich die Seele in einem Augenblick aus ihrem Gefängnis befreit und in Ruhe versetzt sieht ... und die Offenbarung so erhabener Dinge, die die Seele bei solchen Verzückungen schaut, scheint mir eine große Ähnlichkeit mit dem Scheiden der Seele aus dem Leib zu haben ...«

»Die Seele nimmt wahr«, vertraut sie uns an, »dass sie mit Gott vereint ist; und davon bleibt ihr eine solche Gewissheit, dass sie von diesem Glauben durchaus nicht lassen kann ... Ich wusste nämlich nicht, dass Gott in allen Dingen ist, und es schien mir unmöglich, dass er mir so innig gegenwärtig sei, wie es mir vorkam.« Die authentische Stimme der Mystik lässt traditionelle Vorstellungen hinter sich und transzendiert noch heute Zeit und Raum, weil sie einfach wahr ist.

Das gleiche Zeugnis der ewigen Wahrheit des Lichtes überbringen uns Nahtoderfahrungen. Eine Frau, deren Hirntätigkeit während einer Hirnoperation ausgesetzt hatte, schreibt: »Das Licht war innen und drumherum und ging überall hindurch. Es war das Licht, aus dem Heiligenscheine gemacht sind. Es ist der sichtbar gemachte Gott: innen, drumherum, überall.«

Genau wie Teresa fühlt sich die Patientin eins mit Gott. Das Licht, welches die Betroffenen erfahren, umschließt die ganze Schöpfung: Das Licht ist gleichzeitig allwissend und eine allumfassende Liebe, das die Gedanken, die Wünsche, den Verstand und den Willen des

Visionärs umfasst. Solche Kernerfahrungen gehen über kulturelle und historische Grenzen hinaus. Das Licht ist Weisheit und Mitgefühl, durchflutet den Geist und erweitert das Bewusstsein gleichermaßen, dass die Betroffenen glauben, innerhalb eines einzigen Augenblickes alle Geheimnisse des Universums zu verstehen: »Man wird einfach ganz und gar davon ausgefüllt. Mein Bewusstsein dehnte sich aus, wurde größer und konnte mehr aufnehmen, ich erweiterte mich, und immer mehr kam herein. Es war ein solcher Segen, ein solches Entzücken! Und dann, zunehmend, hatte ich die Spur von einem Wissen, schließlich wusste ich etwas, nämlich, dass ich unsterblich war, unzerstörbar. Ich kann nicht verletzt werden. Ich kann nicht verloren gehen. Wir brauchen uns nicht zu sorgen ... und dass die Welt vollkommen ist, alles, was passiert, es ist Teil eines vollkommenen Plans. Ich verstehe diesen Teil heute nicht mehr, doch ich weiß, dass er wahr ist.«

Ein Betroffener berichtet, dass er einen immer stärkeren Wissensdurst hatte, je mehr er ins Licht hineinging: »Und ich wurde in das Licht gebracht und zu meiner Überraschung durch es hindurch ... Es kam mir vor, als würde ich irgendwohin getrieben. Ich weiß nicht, ob ich mich im Weltraum bewegte, aber plötzlich sah ich, wie die Welt davonflog. Ich konnte sehen, wie das Sonnensystem davonflog. Dann sah ich Galaxien – und es ging immer weiter. Schließlich bekam ich das Gefühl, dass ich durch alles hindurchging, was je gewesen war ...

Und es fühlte sich an, als würde ich mich mit rasender Geschwindigkeit bewegen, aber ich glaube, in Wirklichkeit war es mein Bewusstsein, das sich ungeheuer schnell erweiterte. Es geschah alles so schnell, aber es war auch so detailliert, dass ein weiteres Licht auf mich zukam ... Und als ich dieses Licht traf, war es, als würde ich mich auflösen. Und in diesem Augenblick verstand ich, dass ich zum Urknall kam. Das war das erste Licht überhaupt, und ich flog durch den Urknall.

Das war es, was passierte! Ich flog durch diese Membrane in dieses – was man im Altertum ›Leere‹ nannte, glaube ich. Plötzlich war ich in dieser Leere, und ich war mir aller Dinge bewusst, die jemals erschaffen worden waren. Es war, wie wenn ich durch GOTTES Augen schaute. Ich war GOTT geworden. Plötzlich war ich nicht mehr ich selbst. Das Einzige, was ich sagen kann, ist, dass ich mit GOTTES Augen schaute. Und plötzlich wusste ich, warum jedes Atom war, und ich konnte alles sehen. Und ich blieb in diesem Raum, ich weiß nicht, wie lange. Und ich weiß, dass dort etwas sehr Tiefgehendes geschah. Und dann lief die ganze Erfahrung rückwärts ab.« Der göttliche Funke in jedem von uns zeigt uns Möglichkeiten auf, die unbegrenzt sind. Im Zentrum des Lichts, im Einssein mit GOTT und dem gesamten Kosmos, wird jede Lebensfrage beantwortet.

Hören wir nun von einer Begegnung mit dem zentralen Licht: »... Ich erhielt mehr als nur Antworten auf meine Fragen; alles Wissen entfaltete sich vor mir wie das gleichzeitige, plötzliche Aufblühen einer unendlichen Zahl von Blumen. Ich war erfüllt vom Wissen GOTTES, und in diesem kostbaren Aspekt seiner Wesenheit war ich eins mit ihm. Aber meine Entdeckungsreise war erst am Anfang. Nun wurde mir eine außergewöhnliche Reise durch das Universum zuteil ... Raum und Zeit sind Illusionen, die uns auf unserer Ebene festhalten; dort draußen ist alles simultan gegenwärtig ...« Schließlich hört bei Beverly jedes äußere Sehen auf und alles um sie herum verblasste »... bis auf eine volle, reiche Leere, in der er und ich alles, was ist, umfassten.

Hier erfuhr ich in unbeschreiblicher Herrlichkeit die Gemeinschaft mit den Lichtwesen. Nun war ich nicht nur von allem Wissen erfüllt, sondern auch mit aller Liebe. Es war, als würde sich das Licht in mich und durch mich ergießen. Ich war Gottes Objekt der Anbetung; und seine/unsere Liebe schenkte mir Leben und Freude jenseits aller Vorstellung.

Mein Wesen wurde verwandelt. Meine Verblendungen, Sünden und Schuld wurden vergeben und geläutert, ohne dass ich darum bat: Nun war ich Liebe, ursprüngliches Sein und Glückseligkeit. Und in einem gewissen Sinne bleibe ich dort auf ewig. Eine solche Vereinigung kann nicht mehr gelöst werden. Sie war immer, ist immer und wird immer sein.«

Phantasiereise: Der Übergang in die Ewigkeit

Der Ort der Ruhe

Aus welchen Lebenssituationen heraus du dich dem Tod auch nähern magst und welche Umstände deines Todes vorliegen mögen, all das hat keinen Einfluss auf dein Erleben. Wenn der letzte Vorhang deines irdischen Lebens gefallen ist, empfindest du das unbeschwerte Glück tiefen Friedens. Die Gründe deiner Leiden und Ängste verlassen dich – du bist frei von allen Schmerzen und Behinderungen und losgelöst von allem Irdischen. Du fühlst dich glücklich und unbeschwert. Ein nie gekanntes Wohlbefinden durchströmt dich. Du erreichst einen Ort der Ruhe, Stille und Sicherheit und du erkennst ihn als Urquell der Freude. Du findest wieder, was nie verloren war – es kam dir nur so vor im Getöse und der Hektik der Welt. Du erinnerst dich an diesen Ort, weil du von ihm auf die Erde gekommen bist. Noch bist du in deinem Körper – aber nun schwebst du davon ...

Das Verlassen des Körpers

Dein Bewusstsein erweitert sich nun, und du erlebst dich als außerhalb deines Körpers: Die Stille und der tiefe Frieden weichen Sinneseindrücken von Geräuschen, von Licht, Stimmen und Bildern. Du siehst deinen abgestreiften Körper. Du betrachtest ihn, aber er berührt dich nicht länger.

Du bemerkst, dass du jegliche Position im Raum einnehmen kannst – in Gedankenschnelle – und du kannst dich überall hinbewegen, wohin es dir beliebt. Du bist völlig schmerzfrei und fühlst dich lebendig, wie nie zuvor.

Du versuchst dich den Angehörigen bemerkbar zu machen, aber sie reagieren nicht. Du erkennst, dass du tot bist – du bist unhörbar und unsichtbar geworden für die anderen. Du bist gestorben und weißt nun, dass dies kein Traum ist. Du versuchst nach Gegenständen oder

Personen zu greifen und greifst durch sie hindurch. Du erkundest nun deine Umgebung, nimmst Dinge und Situationen in anderen Räumen und Entfernungen wahr. Niemand bemerkt dich. Bilder steigen auf in dir. Du erinnerst dich an Menschen, an Orte, die du liebtest. Du bemerkst, dass du dir nur etwas vorzustellen brauchst, um dich in Gedankenschnelle bei einer Person oder an einem Ort wiederzufinden. Wenn du an deine Liebsten denkst, bist du in ihrer Gegenwart.

Der Tunnel

Dann siehst du einen Tunnel über dir, der dich magisch anzieht. Du bist neugierig und willst in diesen Tunnel. Manchmal siehst du auch eine Brücke, einen langen Flur, eine Wiese – dies alles sind Symbole für den Übergang in die geistige Welt. Es kommt dir bekannt vor, als hättest du das alles schon einmal erlebt. Du spürst ein Ziehen, eine Anziehungskraft. Dunkelheit umgibt dich oder du empfindest Leere, aber es ängstigt dich nicht. Du bist in Bewegung, wirst vom Tunnel aufgesogen. Tiefe Sehnsucht durchströmt dich, ein Gefühl von Nachhausekommen. Du spürst, dass du nicht länger alleine bist. Du fühlst die Anwesenheit anderer, was dich zunächst irritieren mag. Da! – Ein Licht schimmert auf am Ende des Tunnels. Das Licht wird heller, größer. Du erreichst einen ganz anderen Ort, eine andere Dimension des Seins.

Die ewige Heimat

Du kennst dieses Land. Die Schleier deines Vergessens zerreißen. Das Licht umfängt dich mit durchdringendem Glanz. Aus dem Nebel des Vergessens taucht eine Gestalt vor dir auf, ein Mensch den du liebtest. Die Liebe des Vertrauten hüllt dich ein, er hat dich erwartet, er nähert sich dir und all deine Sehnsucht nach der Nähe dieses bestimmten Menschen, der längst vor dir gegangen war, erfüllt sich in der Wiedervereinigung. Ob es die Mutter oder ein Freund war – Liebe verbindet. Du erkennst, nichts geht verloren. Ihr kommuniziert miteinander, nicht über Erdensprache, sondern über Gedankenübertragung. Nun nimmst du deine Umgebung wahr: Du siehst nie gekannte Farben und Landschaften von atemberaubender Schönheit. Eine einzigartige, unbeschreibbare Natur enthüllt sich dir in einem Tanz der Sinne. Eine Bilderflut und Töne, so herrlich und harmonisch, wie du sie noch nie vernommen hast. Zusammenhänge offenbaren sich: In der Ausdehnung deines Bewusstseins konzentriert sich alles Sein zu einem Ganzen, Weltenströme vereinigen sich. Du erkennst diesen Ort wieder, weil du hier schon öfter gewesen bist und du siehst eine Grenze, die du nicht überschreiten kannst, wenn du noch in deinen Körper zurückkehren willst. Aber du willst gar nicht mehr zurück – ein tiefes, befreiendes Gefühl durchströmt dich. Du spürst die pulsierende Schwingung des Lichts. der Liebe.

Das Licht

Deine Begleiter, die Landschaften, die Farben sind überstrahlt vom Licht seiner Gegenwart: Helles, strahlendes Licht ohne zu blenden, grenzenlos und jenseits irdischen Vorstellungsvermögens. Die Liebe, die dich nun umflutet, hast du in Erdentagen nie erfahren, unvorstellbare, bedingungslose Liebe, die Antwort auf alle Zweifel und Ängste deiner Erdentage. Liebe ist das einzige, was zählt, die Antwort auf alle Fragen. Du verstehst, wie dein Leben hätte sein können, sollen. ER antwortet mit Liebe auf all deine Unzulänglichkeiten und dann verstehst du auf einmal den Sinn deines Lebens: Lieben zu lernen und an den Umständen zu wachsen.
Das Licht ist Ursprung und Ziel aller Sehnsüchte, auch der längst verloren geglaubten. Alle Selbstablenkungsmanöver, alle Urteile, die du fälltest, fallen ab von dir. Du erkennst dich selbst in Ihm, als Quelle der Liebe. Du bist im grenzenlosen Sein der Ewigkeit der Liebe. Kein Gericht, kein Urteil, keine Strafe, sondern erkennen und

verstehen. Nichts ist vergeblich. Der größere geistige Sinnzusammenhang deiner ewigen Existenz enthüllt sich. Sobald eine Frage in deinen Gedanken auftaucht, bekommst du die Antwort. Alles Wissen ist dir zugänglich. Du fühlst dich geborgen, eingehüllt in Wärme und grenzenloses Verständnis. Du bist wie Glas. Jeder Gedanke, der dich jemals beschäftigte, taucht in dir auf.

Die Lebensrückschau

Wie ein Film siehst du nun dein vergangenes Leben an dir vorüberziehen. Kein Gedanke, keine Handlung, kein Wort fehlt. In der Anwesenheit des liebenden Lichts, das dich nicht verurteilt, erkennst du den Gesamtzusammenhang deines Lebens. Du blickst deiner eigenen Wahrheit ungeschminkt ins Gesicht. Nur du selbst bist der »Richter«.

LIEBE versteht, vergibt alles, und in ihrer Gegenwart erkennst du die Fehler deines Lebens, die Möglichkeiten zum Wachstum, die nicht erkannt oder genutzt wurden. Du siehst die Auswirkungen deiner Handlungen, Gedanken und Worte auf andere Menschen unverstellt in ihren Wechselwirkungen und Konsequenzen. Alles ist mit allem anderen Sein verwoben. Du fühlst Reue und Beschämung angesichts dieser unfassbaren Liebe. Und dir ist bereits vergeben, du erkennst es vielleicht nicht einmal. Doch nun gehe ins Licht, verschmelze dich mit IHM, fliege zu den Sternen jenseits aller Begrenzungen. Scheue nicht das Licht, es wartet auf dich. Wage den Tanz in den Galaxien und auf den Planeten. Dürste nach immer neuem Wissen, nach allen Geheimnissen, die nie welche waren. Du bist ein Teil von IHM und ER ist in dir.

Die Verschmelzung mit dem Licht

Das ist die höchste Erfahrung, die ein menschliches Wesen nach seinem Tod machen kann, die Verschmelzung mit dem Licht, die Vereinigung mit GOTT. Dann erst sind wir am Ziel aller Lebensreisen,

wenn wir in das große Urlicht eingehen, der Quelle und dem Kern aller Schöpfung und allen Seins.
Wenn du die Bilder deines Lebens wirklich verstehen willst, trete in Verbindung mit dem Licht, und erfahre, was das Licht wirklich ist. Du bist nun im Licht und gehst hindurch. Alles Irdische fällt von dir ab, die Welt fliegt davon, du bist im Weltenraum des Universums. Dein Bewusstsein erweitert sich in rasender Geschwindigkeit. Sonnensysteme, die Geburt der Galaxien, das Auf und Ab der Weltenströme, das Ein- und Ausatmen Gottes, Sich-fallen-Lassen in Gott hinein, in das All, das Ewige. Leben und Ewigkeit spüren durch die Hingabe an die Liebe. Sich-fallen-Lassen, loslassen ohne Begrenzungen der Angst.
Dann triffst du das zweite Licht, gehst durch die Leere, von der alles ausgeht. Du bist dir aller Dinge bewusst, die jemals erschaffen worden waren. Du erlebst die Gemeinschaft mit dem Licht. Du bist nicht nur von allem Wissen erfüllt, sondern auch mit aller Liebe. Freude und Glückseligkeit durchströmen dich jenseits aller Vorstellungskraft.
Nun weißt du, dass du ein Teil des ewigen Lebens bist, ein Teil des ewigen Bewusstseins. Das ist das Ziel jeder Erdenreise. Von diesem Ort des Bewusstseins willst du niemals zurückkehren, weil sich all deine Sehnsucht erfüllt. Und wenn du nun in deinem Körper wieder zu dir kommst, wirst du wissen, dass du eigentlich immer geborgen bist und der Tod nur ein Übergang in eine andere Form des Seins ist.

Begriffserläuterungen

Agape: selbstlose, aufrichtige Liebe.

Alpha-Phase: Messbare Gehirnwellenlängen kurz vor dem Einschlafen.

Aneurysma: Erweiterung, Defekt der Schlagader.

Apokalypse: Religiöse Schrift über das Weltende, besonders: Die Offenbarung des Johannes.

Atheismus: Weltanschauung, die die Existenz eines Gottes leugnet.

Chakren: Energiepunkte des Körpers.

Duktus: Charakteristische Art, Linienführung.

Einweihung (Initiation): Aufnahme einer Person in eine meist religiöse Gemeinschaft.

Empathie: Fähigkeit, sich in andere hineinzuversetzen.

Endorphine: Körpereigene Eiweißstoffe mit schmerzstillender Wirkung.

Eros: Körperbezogene Liebe.

Eschatologie: Lehre vom Endschicksal des einzelnen Menschen und der Welt.

Euphorie: Zustand gesteigerten Hochgefühls.

Halluzination: Sinnestäuschung.

Intuition: Innere Eingebung, ahnendes Erfassen, unmittelbare Erkenntnis ohne den Umweg über den Verstand.

Jahwe: Name Gottes im Alten Testament.

Kohen: Jüdischer Priester.

Koma: Tiefe Bewusstlosigkeit.

Monotheismus: Glaube an einen einzigen Gott.

Morphin: Schmerzlinderungsmittel.

Mukoviszidose: genetische Stoffwechselstörung, bei der zäher, festsitzender Schleim die Bronchien verklebt und abgesaugt werden muss.

Mystik: Bestrebung, sich ganz in die göttliche Liebe zu versenken.

Opiat: Betäubungsmittel.

Out-of-body-Experience: Außerkörperliches Erlebnis.

Paranormale Fähigkeiten: Begriff der Parapsychologie, der sich auf Erscheinungen und Wirkungen bezieht, die den Erwartungen der Physik widersprechen.

Philia: Freundschaft.

Protein: Vorwiegend aus Aminosäuren aufgebauter Eiweißstoff.

Psyche: Geist, Seele, Bewusstsein in der Fachsprache der Psychologie.

Schamane: Zauberpriester bei Naturvölkern.

Scheol: Schattenreich der Unterwelt.

Sedativa: Beruhigungsmittel.

Talmud: Sammlung der Gesetze und religiösen Überlieferungen des nachbiblischen Judentums.

Telepathie: Fernfühlen ohne körperliche Vermittlung.

Trauma: Starke seelische Erschütterung.

Anmerkungen

Ein Hinweis zur Zitierweise: Bei allen Zitaten, die nicht mit einer Ziffer gekenzeichnet sind, handelt es sich um authentische Aussagen von Betroffenen. Die Namen wurden zum Schutz dieser Menschen verändert. Wenn der Name allerdings voll ausgeschrieben ist, handelt es sich um Personen, die ausdrücklich mit einer Veröffentlichung einverstanden sind.

[1] Zitiert nach: Stefan Högl: »Leben nach dem Tod? Menschen berichten von ihren Nahtod-Erfahrungen.« Rastatt 1998, S. 108.

[2] Luigi Moraldi: »Nach dem Tode.« Zürich 1987, S. 106 – 108.

[3] 2. Korinther 12,2-4.

[4] Carol Zaleski: »Nah-Todeserlebnisse und Jenseitsvisionen vom Mittelalter bis zur Gegenwart.« Frankfurt a. M. 1993, S. 48.

[5] Vgl. dazu: »Nahtod. Erlebnisse hinter dem Vorhang zum Jenseits.« In »PM Perspektive« 1/2002, S. 62 – 65.

[6] Sam Parnia und andere: »A qualitative and quantitative study of the incidence, features and aetiology of near death experiences in cardiac arrest survivors.« In »Resuscitation« 48/2001.

[7] »The lancet.« Volume 358. Dezember 15,2001. Die Aussagen dieser Studie wurden vom Autor ins Deutsche übertragen.

[8] Vgl. Lommel Interview »INFO 3« April 2002.

[9] Vgl. »Info 3«

[10] Hubert Knoblauch: »Berichte aus dem Jenseits. Mythos und Realität der Nahtod-Erfahrung.« Freiburg 1999, S. 193f.

[11] Melvin Morse/Paul Perry: »Verwandelt vom Licht. Über die transformierende Wirkung von Nah-Todeserfahrungen.« München 1994, S. 10.

[12] Kenneth Ring/Evelyn Elsaesser-Valarino: »Im Angesicht des Lichts. Was wir aus Nah-Tod-Erfahrungen für das Leben gewinnen.« München 1999, S. 27.
[13] Günter Ewald: »An der Schwelle zum Jenseits. Die natürliche und die spirituelle Dimension der Nahtoderfahrungen.« Mainz 2001, S. 44.
[14] Ring/Valarino, S. 247.
[15] Ebenda, S. 247.
[16] Ewald: »An der Schwelle zum Jenseits.«, S. 16.
[17] Günter Ewald: »Ich war tot. Ein Naturwissenschaftler untersucht Nahtod-Erfahrungen.« Augsburg 1999, S. 23.
[18] Alle Zitate zu diesem Fall stammen aus: Ewald: »An der Schwelle zum Jenseits.«, S. 70-74.
[19] Ebenda, S. 42.
[20] Melvin Morse/ Paul Perry: »Zum Licht. Was wir von Kindern lernen können, die dem Tod nahe waren.« Frankfurt a. M. 1992, S. 159.
[21] Ewald: »An der Schwelle zum Jenseits.«, S. 15.
[22] Engelbert Winkler: »Begegnung mit dem lebendigen Licht. Nahtod-Erfahrungen als Hilfe zum Leben.« Güllesheim 2001, S. 40.
[23] Winkler, S. 41.
[24] Dr. Pim van Lommel MD, Division of Cardiologie, Hospital Rijnstate, Postbox 9555, 6800 TA Arnhem Netherlands, S. 6.
[25] Morse/Perry: »Zum Licht.«, S. 70.
[26] Ebenda, S. 71.
[27] Vgl.: ebenda, S. 134f.
[28] Ebenda, S. 160.
[29] Ewald: »An der Schwelle zum Jenseits.«, S. 33.
[30] Ebenda, S. 51.
[31] Ring/Valarino: »Im Angesicht des Lichts.«, S. 52.
[32] Ebenda, S. 62.
[33] Ewald: »Ich war tot.«, S. 31.
[34] Ring/Valarino: »Im Angesicht des Lichts.«, S. 247.
[35] Ebenda, S. 288.
[36] Ebenda, S. 170.

[37] Lommel, S. 5.
[38] Lommel, S. 69.
[39] Ring/Valarino: »Im Angesicht des Lichts.«, S. 55.
[40] Michael Baigent: »Spiegelbild der Sterne. Das Universum jenseits der sichtbaren Welt.« München 2001, S. 216.
[41] Morse/Perry: »Verwandelt vom Licht.« S .47.
[42] Kenneth Ring: »Den Tod erfahren – das Leben gewinnen.« München 1988, S. 99.
[43] Vgl. »INFO 3«.
[44] Morse/Perry: »Zum Licht.«, S. 19ff.
[45] Melvin Morse/ Paul Perry: »Where God lives.« New York 2000, S. 17.
[46] Ring/Valarino, S. 123f.
[47] Ebenda, S. 125ff.
[48] Ebenda, S. 129f.
[49] »Tagesspiegel« 11.12.2001, Artikel: »Die frohe Botschaft.«
[50] Ebenda
[51] Ewald: »Ich war tot.«, S. 148.
[52] Vgl. dazu: »Einmal Hölle und zurück.« »Die Zeit« 29/1999.
[53] Lommel, S. 26.
[54] Vgl.: Sam Parnia und andere: »A qualitative and quantitative study of the incidence, features and aetiology of near death experiences in cardiac arrest survivors.« In »Resuscitation« 48/ 2001.
[55] Vgl. »Tagesspiegel« v. 11.12.2001.
[56] Zitiert nach: Timothy Freke/ Peter Gandy: »Die Welt der Mystik.« München 2001, S. 34.
[57] Michael Baigent: »Spiegelbild der Sterne.« München 2001, S. 225.
[58] Zitiert nach L. R. Farnell: »The cults of the Greek States.« Band 3, Oxford 1907, S. 179.
[59] Michael Baigent: »Spiegelbild der Sterne.«, S. 233.
[60] Carol Zaleski: »Nah-Todeserlebnisse und Jenseitsvisionen vom Mittelalter bis zur Gegenwart.« Frankfurt a. M. 1993, S. 191.
[61] Ebenda, S.191.

[62] Alle verwendeten Jung-Zitate stammen aus: »Erinnerungen, Träume, Gedanken« von C. G. Jung. Zürich und Stuttgart 1962, S. 293-301.
[63] Flensburger Hefte. »Nah-Todeserfahrungen. Rückkehr zum Leben.« IV, 1995, S. 114.
[64] Peter Reiter: »Geh den Weg der Mystiker. Meister Eckharts Lehren für die spirituelle Praxis im Alltag.« Freiburg 2001, S. 256.
[65] Bernard Jakoby: »Auch Du lebst ewig. Die Ergebnisse der modernen Sterbeforschung.« München 2000, S. 80.
[66] Bernard Jakoby: »Auch Du lebst ewig.«, S. 138.
[67] Hortense Reintjes-Anwari: »Der Tod aus islamischer Sicht.« S. 229ff. In: Constantin von Barloewen (Hrsg.): »Der Tod in den Weltkulturen und Weltreligionen.« Frankfurt a. M. 2000.
[68] Vgl. l'Osservatore Romano Nr. 45, 6.11.98. Deutsche Ausgabe.
[69] Anne Ray-Wendling: »Mein Kontakt mit dem Jenseits.« München 2001, S. 71.
[70] C. G. Jung: »Erinnerungen, Träume, Gedanken.« Hg. Aniela Jaffe, S. 300.
[71] Raymond Moody/ Paul Perry: »Blick hinter den Spiegel. Botschaften aus einer anderen Welt.« München 1994, S. 27.
[72] Vgl. Norbert Fischer: »Wie wir unter die Erde kommen. Sterben und Tod zwischen Trauer und Technik.« Frankfurt a. M. 1997.
[73] Karin E. Leiter: »(K)eine Zeit zum Sterben. Euthanasie – Problem oder Lösung?« Innsbruck 2002, S. 72.
[74] Vgl. »Berliner Morgenpost« 18.5.2002, S. 6.
[75] Vgl. Philippe Ariès: »Studien zur Geschichte des Todes im Abendland.« München 1981.
[76] Bernard Jakoby: »Interview mit Elisabeth Kübler-Ross.« Arizona, Februar 2000, kann beim Autor bestellt werden.
[77] Vgl. Elisabeth Kübler-Ross: »Interviews mit Sterbenden.« Stuttgart 1984.
[78] Vgl. dazu das herausragende Buch von Monika Renz: »Zeugnisse Sterbender. Todesnähe als Wandlung und letzte Reifung.« Paderborn 2000.

[79] Robert Sachs: »Das Leben vollenden. Wie wir Sterbenden helfen, wie wir uns auf den eigenen Tod vorbereiten können.« Frankfurt a. M. 1999, S. 80f.
[80] Ring/Valarino, S. 257.
[81] Michael Sabom: »Erinnerungen an den Tod. Eine medizinische Untersuchung.« Gütersloh 1982, S. 37.
[82] Elisabeth Kübler-Ross: »Kinder und Tod.« Zürich 1984, S. 77.
[83] Hildegard Knef: »Aber schön war es doch.« Warner Brothers 2002.

Literatur

»Nahtoderfahrung«

Baigent, Michael: »Spiegelbild der Sterne. Das Universum jenseits der sichtbaren Welt?« Droemer 2001

Brinkley, Dannion/Perry, Paul: »Zurück ins Leben. Die wahre Geschichte des Mannes, der zweimal starb.« Knaur Tb. 1994

Cox-Chapman, Mally: »Begegnung im Himmel. Beweise für ein Leben nach dem Tod.« Ullstein 1997

Currie, Ian: »Niemand stirbt für alle Zeit. Berichte aus dem Reich jenseits des Todes.« Orbis 2000

Doore, Gary: »Gibt es ein Leben nach dem Tod? Neue Antworten auf alte Fragen.« Kösel 1994

Eadie, Betty J.: »Licht am Ende des Lebens. Bericht einer außergewöhnlichen Nah-Todeserfahrung.« Knaur Tb. 1994

Eersel, Patrice van: »Der Weg in ein neues Leben.« Scherz 1989

Elsaesser-Valarino, Evelyn: »Erfahrungen an der Schwelle des Todes. Wissenschaftler äußern sich zur Nahtodeserfahrung.« Ariston 1995

Ewald, Günter: »An der Schwelle zum Jenseits. Die natürliche und die spirituelle Dimension der Nahtoderfahrung.« Grünewald 2001

– »Ich war tot. Ein Naturwissenschaftler untersucht Nahtoderfahrungen.« Pattloch 1999

Fenimore, Angi: »Jenseits der Finsternis. Eine Nahtoderfahrung, die in die Schattenwelt führte.« Knaur Tb. 1996

Fiore, Edith: »Besessenheit und Heilung. Die Befreiung der Seele.« Silberschnur 1997

Grof, Stanislav: »Totenbücher. Bilder vom Leben und Sterben.« Kösel 1994

Guggenheim, Bill und Judy: »Trost aus dem Jenseits. Unerwartete Begegnungen mit Verstorbenen.« Scherz 1997
Högl, Stefan: »Leben nach dem Tod? Menschen berichten von ihren Nahtod-Erfahrungen.« Moewig 1998
Ingrisch, Lotte: »Unsterblichkeit. Protokolle aus dem Jenseits.« Langen Müller 2000
Jakoby, Bernard: »Auch Du lebst ewig. Die Ergebnisse der modernen Sterbeforschung.« Langen Müller 2000
– »Das Leben danach. Was mit uns geschieht, wenn wir sterben.« Langen Müller 2001
Knoblauch, Hubert: »Berichte aus dem Jenseits. Mythos und Realität der Nahtod-Erfahrung.« Herder 1999
Lorimer, David: »Die Ethik der Nah-Todeserfahrungen.« Insel 1993
Meek, Paul: »Der Himmel ist nur einen Schritt entfernt.« Thanner Verlag, 4. Auflage 2002
Meckelburg, Ernst: »Wir alle sind unsterblich. Der Irrtum mit dem Tod.« Langen Müller 1997
Moody, Raymond: »Leben nach dem Tod.« Rowohlt 1977
– »Das Licht von drüben.« Rowohlt 1989
– »Blick hinter den Spiegel. Botschaften aus der anderen Welt.« Goldmann 1993
Morse, Melvin/ Perry, Paul: »Zum Licht. Was wir von Kindern lernen können, die dem Tode nahe waren.« Knaur 1994
– »Verwandelt vom Licht. Über die transformierende Wirkung von Nah-Todeserfahrungen.« Knaur 1994
– »Where God lives.« Cliff Street Books 2001
Newton, Michael: »Die Abenteuer der Seelen. Neue Fallstudien zum Leben zwischen den Leben.« Edition Astroterra 2001
Osis/Haraldson: »Der Tod ein neuer Anfang. (Jenseitsvisionen)« esotera Tb.
Praagh, James van: »Und der Himmel tat sich auf. Jenseitsbotschaften über die geistige Welt und das Leben nach dem Tode.« Goldmann 1998
Ray-Wendling, Anne: »Mein Kontakt mit dem Jenseits.« Nymphenburger 2001

Ring, Kenneth: »Den Tod erfahren, das Leben gewinnen.« Bastei-Lübbe 1988
Ring, Kenneth/Elsaesser-Valarino, Evelyn: »Im Angesicht des Lichts. Was wir aus Nah-Tod-Erfahrungen für das Leben gewinnen.« Ariston 1999
Ritchie, Jean: »Blicke ins Jenseits. Berichte von der Schwelle zum Tod.« Bastei-Lübbe 1997
Roszell, Calvert: »Erlebnisse an der Todesschwelle.« Verlag Freies Geistesleben 1991
Sabom, Michael: »Erinnerung an den Tod.« Goldmann 1984
– »Light and Death. One Doctor's Fascinating Account of Near-Death Experiences.« Zondervan Publishing House 1998
St. Clair, Marisa: »Das Geheimnis des Todes. Nah-Toderfahrung.« Bechtermünz 1997
Sutherland, Cherie: »Tröstliche Begegnung mit verstorbenen Kindern.« Scherz 1998
Winkler, Engelbert: »Begegnung mit dem lebendigen Licht. Nahtod-Erfahrungen als Hilfe zum Leben.« Silberschnur 2001
Zaleski, Carol: »Nah-Todeserlebnisse und Jenseitsvisionen vom Mittelalter bis zur Gegenwart.« Insel 1993

»Sterben, Trauer und Begleitung«

Ariès, Philippe: »Geschichte des Todes.« dtv 1982
Barloewen, Constantin von: »Der Tod in den Weltkulturen und Weltreligionen.« Insel Tb 2000
Dalichow, Irene: »Das Westliche Totenbuch. Wege zu Abschied, Bestattung, Trauer und dem Danach.« Goldmann 2001
Fischer, Norbert: »Wie wir unter die Erde kommen. Sterben und Tod zwischen Trauer und Technik.« Fischer Tb 1997
Fuchs, Richard: »Das Geschäft mit dem Tod. Plädoyer für ein Sterben in Würde.« Patmos 2001
Hennezel, Marie/Leloup, Jean-Yves: »Die Kunst des Sterbens. Der Tod und wie wir mit ihm umgehen können.« Krüger 2000

Jones, Constance: »Die letzte Reise. Eine Kulturgeschichte des Todes.« Piper Tb 2001
Kübler-Ross, Elisabeth: »Interviews mit Sterbenden.« Gütersloher Verlagshaus 1984
– »Kinder und Tod.« Kreuz 1989
– »Über den Tod und das Leben danach.« Silberschnur 1994
– »Das Rad des Lebens. Autobiographie.« Knaur 1997
Kübler-Ross, Elisabeth/Kessler, David: »Geborgen im Leben. Wege zu einem erfüllten Dasein.« Kreuz 2001
Lamp, Ida (Hg) : »Hospiz-Arbeit konkret.« Gütersloher 2001
Leiter, Karin E.: »(K)eine Zeit zum Sterben. Euthanasie – Problem oder Lösung?« Tyrolia 2002
Longaker, Christine: »Dem Tod begegnen und Hoffnung finden. Die emotionale und spirituelle Begleitung Sterbender.« Piper 1997
Looser, Gabriel: »Die Seele ins Licht begleiten. Sterbebegleitung über den Tod des Körpers hinaus.« Kösel 2001
Müller, Monika/ Schnegg, Matthias: »Unwiederbringlich - Vom Sinn der Trauer. Hilfen bei Verlust und Tod.« Herder 1997
Renz, Monika: »Zeugnisse Sterbender. Todesnähe als Wandlung und letzte Reifung.« Junfermann 2000
Sachs, Robert: »Das Leben vollenden. Wie wir Sterbenden helfen, wie wir uns auf den eigenen Tod vorbereiten können.« Verlag 2001 1999
Specht-Tomann, Monika/Tropper, Doris: »Zeit des Abschieds. Sterbe- und Trauerbegleitung.« Patmos 1998

Danksagung

Ich danke meinen Freunden Alexander Rolfes und Niky Bausch für die vielen Gespräche und ihre Anregungen;
Florian Schumacher für seine Hinweise auf naturwissenschaftliche Zusammenhänge und die langen anregenden Telefonate;
meinem Verlagsteam für seine Unterstützung, insbesondere meinem Lektor Hermann Hemminger;
meiner verstorbenen Mutter für die Erfahrung der bedingungslosen Liebe;
Elke Röder für ihre vortreffliche Organisation meiner Vorträge und Seminare.
Im Namen der Hilfesuchenden einen besonderen Dank an Elke für ihre Geduld und Ermutigung in zahlreichen Telefonaten.
Ganz besonders danke ich den vielen Menschen in meinen Veranstaltungen, die mir ihr Vertrauen schenken und mich an ihren Erfahrungen teilnehmen lassen.

Bernard Jakoby

Kontakt

Sie können mit dem Autor Kontakt aufnehmen unter seiner Website

www.sterbeforschung.de

Gerne können Sie Ihre eigenen Erlebnisse dem Autor schriftlich mitteilen. Bitte senden Sie diese an die Zentralorganisation:

Elke Röder
Waldstraße 6
D-10551 Berlin

Bei Anfragen und Informationen über Seminare und Vorträge rufen Sie bitte Frau Röder an: (0 30) 3 96 44 06.